# クイックパース

## 名建築で学ぶ速描きテクニック

宮後浩 著

学芸出版社

軽井沢の山荘（外観）｜線画 p.50 ▶着彩 p.102 ▶白図 p.122

軽井沢の山荘（インテリア）｜線画 p.57 ▶着彩 p.104 ▶白図 p.122

アアルト自邸（外観）｜線画 p.80 ▶着彩 p.114 ▶白図 p.123

アアルト自邸（インテリア）｜線画 p.84 ▶着彩 p.116 ▶白図 p.123

サヴォア邸｜線画 p.44 ▶着彩 p.100 ▶白図 p.124

前川國男邸｜線画 p.62 ▶着彩 p.106 ▶白図 p.124

ファンズワース邸｜線画 p.68 ▶着彩 p.108 ▶白図 p.125

スカイハウス│線画 p.76 ▶着彩 p.112 ▶白図 p.126

# はじめに

　私が今まで設計デザインや、パース制作、教育指導に携わって約半世紀になります。この間「パーステック」「インテリアプレゼンテーション」「スケッチパース」などを出版し、今回でちょうど30冊目になり、手描きパース講座の修了生も8,000人に達しています。パース制作に関しては、スケッチも含め約1万枚近くになるでしょうか。

　ずっと描いてきて思うのは、パースは使われる段階、用途によって描き方が変わるということ、またパースを描く上で重要なことは、「速く」というのが最大条件だということです。パースは額に入れて飾っておくような芸術品ではなく、あくまで図面の一部であって、その目的は、いかに設計者のイメージを速く正確に伝達するかのための、言ってみれば販促ツールにほかなりません。いくらきれいに描いていてもタイミングを外したパースは、ただの紙切れに過ぎないのです。

　クライアントとの計画段階において、打合せを重ねプランがまとまってくると、次に要望されるのはデザインイメージですが、プランが決まったからといって、よほど経験を重ねた方でないと空間のイメージはできません。お互いのイメージが共有できないと、後の設計図作成や、施工に関してまでも食い違いが発生することになります。デザインイメージを共有する手段として、その場で描くスケッチパースが重要になり、パースを見て初めてクライアントは、自分のイメージしている空間かどうかが判断できるのです。

　建築をつくる時、十分に打合せもしないで、図面化されることもしばしばありますが、そうすると設計完了時のCGパースを見て、あるいは工事が進んできて初めて空間イメージが異なることに気づくといったことにもなりかねません。

　本書は、建築を学ぶ人なら一度は聞いたことがある名建築を通じて、スケッチの描き方を学んでもらおうと企画しました。名建築の魅力に触れながら、パースは簡単に描けるということを感じていただければ幸いです。

　ここで紹介する描き方は、実践的に「そこそこ正確、めちゃくちゃ速く」ということに重点を置いていますが、イメージ共有という段階においてはこれで十分だと思います。

　外観にしろ、インテリアにしろ、一旦ポイントを覚えてしまうとどんな建物でも簡単に描けるようになるので、この機会にぜひ習得してほしいと考えています。

宮後　浩

目 次

# 序章　イメージを素早く形にするパース

建築業界で使われるパースとは、「Perspective Drawing（透視図）」の略称で、住宅、商業ビルなど、建築物の外観や内観を立体的に表現した図、つまり完成予想図のことです。

設計者が施主にわかりやすく理解してもらうためにパースを描くことが一般的です。また、一昔前は、最終作品としてのパースは、それなりに熟練した専門家でなければ描けないと思われていました。

ここ20年程の間に、パースの描法はCAD・CGが主流となり、それによって設計に携わる方であれば、誰でも描けるようになりました。しかし、デザイナー、建築家の方々がクライアントと打ち合わせをしながらイメージを伝えるのは、今でも対話とイメージスケッチが中心です。その場で描けるくらいのテクニックは身につけておきたいところ。手描きパースが描ければ、施主のイメージ、自分の頭の中に浮かんだイメージが、より確認しやすくなるのです。

## 建築工程　〜パースの出番は、いつ？　どこで？

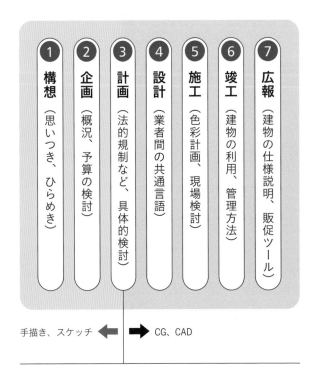

| ❶ 構想 | ❷ 企画 | ❸ 計画 | ❹ 設計 | ❺ 施工 | ❻ 竣工 | ❼ 広報 |
|---|---|---|---|---|---|---|
| （思いつき、ひらめき） | （概況、予算の検討） | （法的規制など、具体的検討） | （業者間の共通言語） | （色彩計画、現場検討） | （建物の利用、管理方法） | （建物の仕様説明、販促ツール） |

手描き、スケッチ ⬅　➡ CG、CAD

計画段階まではスケッチなどの手描きパースが活躍！

パースがいつ、どんなところで登場するのか、建築物が形となる段階を追ってみよう！

## 建築工程

**① 構想** （思いつき、ひらめき）

**② 企画** （概況、予算の検討）

図面が存在しない企画の段階で、希望や条件、思いをヒアリングし、施主の頭の中にあるイメージをラフに形にしていきます。本書ではこのプロセスに重点を置いています。

**③ 計画** （法的規制など、具体的検討）

設計者は、施主の希望、想いを設計図面にしますが、図面を見ても一般の方には明確に完成した建築物を想像するのは困難です。
そこで図面をパース＝立体図（絵）にして、より具体的なイメージを伝えるのです。
パースは、図面の通訳のようなツールです。

**④ 設計** （業者間の共通言語）

**⑤ 施工** （色彩計画、現場検討）

**⑥ 竣工** （建物の利用、管理方法）

**⑦ 広報** （建物の仕様説明、販促ツール）

図面や施主の頭の中の
イメージを元に形にする、
それがパースなのです。

マンションなど、施主が販売を目的としている建築物の場合は、購入希望者に向けた宣伝用ツールとして使用する場合もあります。また施工時に細部の指示用に使用することも。

## 名建築を描いて基本を学ぼう！

本来のパースは、まだ存在しない建築物を計画段階で描くものですが、本書に登場するパースは、世にいう「名建築」をパースの題材として、速描きのテクニックを習得していきます。

なぜ、「名建築」を題材とするのか？　目的は2つです。

### 目的1　完成形をイメージしたうえでパースを描くという感覚を養う

パースを描く人（建築士やパースレンダラー）は、図面を見れば建築物の完成形を思い浮かべることができますが、慣れていないと、イメージしにくいかもしれません。

そこで、よく知っている建築物を題材とし、完成形のどの部分を切り取って描くか考えて取り組めるようにしました。

### 目的2　名建築ならではの美しいフォルムや特徴を描くことで、その感性を体得する

後世に残るものには、何かしら人を引きつける魅力があるものです。その魅力は、言葉ではなかなか伝えきれませんし、頭でわかっても、簡単に真似できるものでもありません。それは建築家のもつ独特のセンスだからです。

そのセンスを肌で感じるために、実際に手を動かして建物を描いてみるのです。そうすれば、見ただけではわからない細部にわたる建物の魅力の理由を、体でつかむことができるはずです。

「第1章　さっと描けるパースの基本」を読み終わった後は、初めから順に課題に取り組む必要はありません。自分の好きな建築物、好きな建築家の作品から挑戦してみてください。

「好き！」と思う感覚にも、その建築家の感性に通じる何かが、あなたの中に眠っているサインかもしれません。

ル・コルビュジエ　　吉村順三　　前川國男　　ミース・ファン・デル・ローエ
フィリップ・ジョンソン　　菊竹清訓　　アルヴァ・アアルト　　アントニ・ガウディ　　フランク・ロイド・ライト

さあ、それでは早速はじめていきましょう。

# 第 1 章

# さっと描けるパースの基本

## 平行線が交わるのがパースの世界

実際の生活空間の中では、平行線はどこまでいっても交わることはありません。
しかし、遠くまで続く、平行な線路は遠くで1点に交わっているように見えます。
パースでは、このように平行線が交わるように描いていきます。

平面の世界（二次元）には水平方向と奥行
方向しかありませんが、立体空間の世界
（三次元）には**水平方向**、**奥行方向**に加えて
**垂直方向**が存在します。建築・インテリア
など立体物を平面上に表現するときに、あ
る方向の平行線が交わるように描くことに
よって立体的に表現することができます。
これが透視図＝パースです。

パースにおいて、平行線が交わる点を消点（VP＝バニシングポイント）といいます。
VP は目の高さの水平線（HL＝ホリゾンタルライン）上にあります。

| HL | ホリゾンタルライン | 目線の高さの水平線 |
| VP | バニシングポイント | 平行線が交わる消点 |

この二つが変われば、ものの見え方
も変わります。下から見上げている
のか、上から見下ろしているのか、
または真横から見ているのかによっ
て、ものの見え方は変化します。

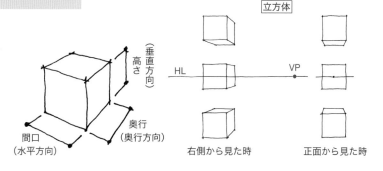

パースを描く時、構図を決めるのも HL と VP なのです。

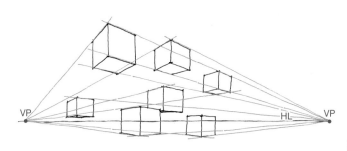

写真や絵の構図で「パースをとる」といい
ますが、それは一定の画面の中にこの HL
を見つけて、よいバランスをとること。

### つまり HL に気が付けば、パースは描けたも同然なのです!!

## 1 消点パース　奥行方向の平行線が交わる

天井、床、壁面など多くの面を見せた
い時に使われます。起こしやすく、ひ
ずみが少ないことからインテリアパー
スによく使用されます。

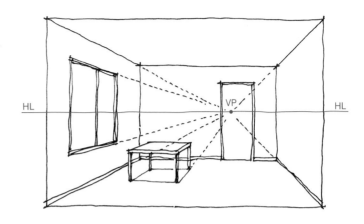

## 2 消点パース　水平方向、奥行方向の平行線が交わる

外観パースに使われることが多い描法。外観パースでは、建物の正面と側面を見せる必要性から、斜めか
ら見ることが多くなり、水平方向と奥行方向の VP が出てきます。

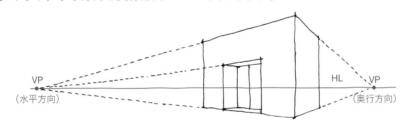

## 3 消点パース　水平、奥行、垂直、全ての方向の平行線が交わる

都市計画や、街の俯瞰図などに使用
されることが多い描法。
VP が増えるほどひずみが出やすく
なるので、バランスのとり方が重要
になってきます。

※本書では取り上げていません。

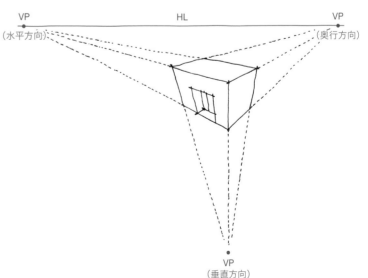

# 図面の種類

パースを描く時に必要な最低限の設計図書と主な記載内容は下記の通りです。

## 外　観

● 配置図、平面図…敷地状況。道路規制

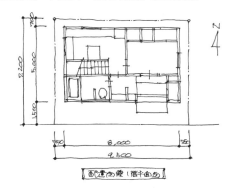

図面に示される寸法だけでなく
建物の基本がわかっていると
描きやすいですよ。

（RC 造）

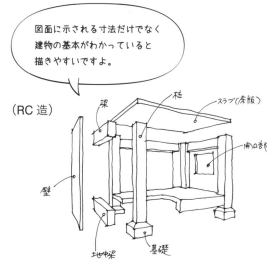

● 立面図…外観意匠や仕上げ材など

● 断面図…各部の高さ寸法（木造）

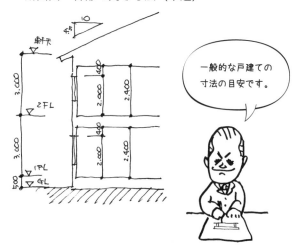

一般的な戸建ての
寸法の目安です。

## 線画を描く道具を揃えよう！

パースを描く時に必要な最低限の道具は、次の通りです。

● 製図用シャープペンシル：パースの下描きや図面作成に使用。

● 芯ホルダー：図面の作図や陰影をつける画材として使用（鉛筆で代用可能）。

● 三角定規（30 cm）：図面の作図に使用（目盛不要。定規でもOK！）。

● プロジェクトペーパー（A4 サイズ、10 mm 方眼）：

　パースを作図するための方眼ペーパー。

## インテリア

● 平面図…平面的な形状や寸法

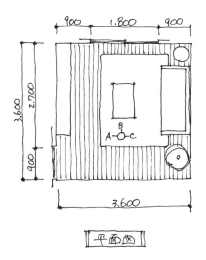

● 天井伏図…天井仕上げ材料、下り天井の位置、
　寸法など

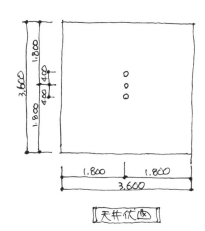

● 展開図…立面的な形状、仕上げ材料

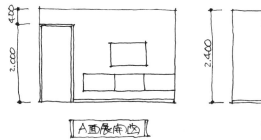

この他、照明器具配置図、姿図などが準備されていれば、より一層詳細なつくりが把握できます。

清書の時に使う道具には、次のものがあります。

● ドラフティングテープ：
　下描きができたら、画面レイアウトを考えて
　トレーシングペーパーを固定する時に使います。

● 水性ボールペン（ボールサイン、ピグマなど）：
　パース作成、清書のペン描きに使用。

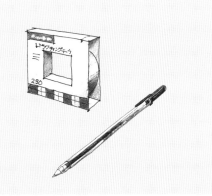

## 方眼紙を効率よく使おう！

本書では、線画を描く時、方眼紙を使って時間を短縮する方法に挑戦します。
方眼紙は、プロジェクトペーパー 10 mm を使います。
図面の縮尺にあわせて 1 目盛りの寸法を決めて描いていきます。

### 方眼紙を使用する利点！

・定規の目盛りなしで描くことができる
・フリーハンドでも垂直水平がゆがみにくい

10mm
10mm

つまり、方眼紙を使うことが速描きの一番のポイントなのです！
完成するパースの大きさにあわせて方眼紙をあらかじめ拡大コピーして使えば、大きさの設定は自由自在。
思いのままにフリーハンドで速描きパースが描けてしまいます。

**外観**

①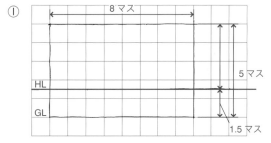

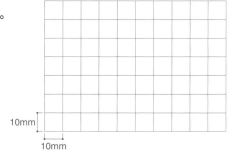

②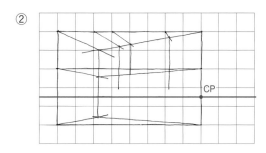

間口寸法が 8,000、高さ 5,000、HL は 1,500、方眼紙
1 目盛り 1,000 とすると高さは 5 目盛り、間口は 8 目
盛り、HL は 1.5 目盛りとなります。

③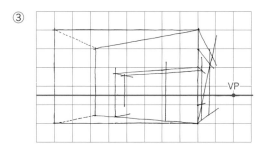

①建物にあわせて画面上に高さや間口を入れます。
②パースにおける正面を作成します。
③奥行寸法をとり、外観のフォルムを求めます。

## 方眼紙の使い方

パースを描く上で方眼紙を使う時に必要な寸法は、垂直方向の高さと水平方向の間口寸法です。

奥行は垂直方向の寸法を元にとるので、方眼紙によって正面側の寸法がとれれば採寸用の定規は必要ありません。

本書で紹介する描き方は、ほとんど 10 mm の方眼紙の 1 目盛りを 1,000 mm（1 m）としていますが、建物の完成品の大きさによってはあらかじめ 1.3 〜 1.4 倍に拡大コピーしておくと描きやすくなります。

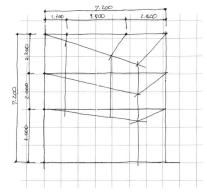

例えば軽井沢の山荘は、間口の長さ 7,200 なので 7 目盛りと 2/10 をとって、細かい寸法 1,300 と 3,500 をとります。高さも 7,200 なので 7 目盛りと 2/10、1 階の階高 3,000 なので 3 目盛り、軒高まで 2,000 なので 2 目盛りをとります。

### ■ インテリア

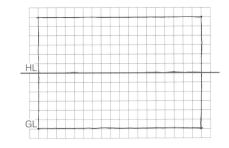

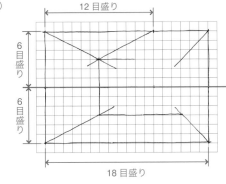

目盛りを利用して間口寸法と天井高をとります。今回は間口 3,600 なので、1 目盛りを 200 とすると 3 目盛りで 600。天井高は 2,400 なので 12 目盛り、間口は 3,600 なので 18 目盛り、奥行は 2,400 なので 12 目盛り、HL は GL から 1,200 なので 6 目盛りということになります。

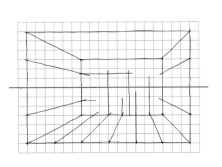

①正面側の寸法を目盛りにあわせて入れます。

②目盛りを頼りに 600 グリッドを求めていきます。

③グリッドをもとに建具・家具などを入れていきます。

# 外観 2 消点パースを描こう

速描き＝クイックパースに挑戦してみましょう。

外観、インテリアともに、基本の起こし方がベースとなり、最も重要です。

じっくり時間をかけて自分のものにして下さいね。

完成図はこちら。p. 23 の図面を使って描き方を覚えていきましょう。

## 建物の特徴

・道路に面した戸建て住宅を設定しています。

・2 階左側にへこみ部分があります。

## 構図について

パースは、見せたい所が正面にくるように描くのが基本です。

建物や立地条件によってメインに見るところも変わってきます。見せたい部分を正面と
し 70 〜 80 ％、側面は 20 〜 30 ％くらいの比率のアングルにすると、安定して見えます。

構図のとり方によって建物の特徴である 2 階のへこみ部分の見え方が変わってきます。

このプランは、パースの起こし方を説明するために作成したもので、実際の建物ではあ
りませんが、凸凹の描き方も含めてわかりやすく解説していきます。

※建築寸法は、基本的に mm（ミリ）で表記しています（本書では、単位は省略します）。

## 図面を見て形をつかむ

まず平面図並びに立面図を見て、形をつかむことが重要です。

今回は間口 8,000、奥行き 5,000、高さ 6,000 の建物を例に描く順序を説明していきます。

この本のすべての外観は、この起こし方で進めるので、よく理解しておくこと！

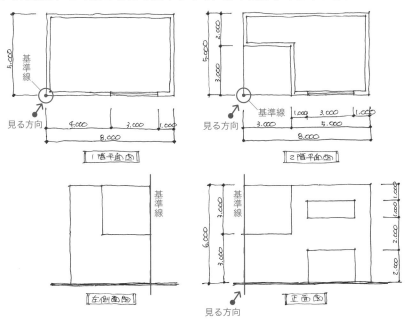

## 描く準備　見せたいところにあわせて基準線を決めます

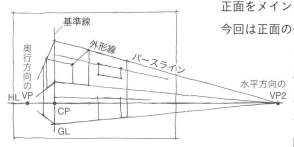

正面をメインとして描く時、最初に決めるのが HL と基準線です。

今回は正面の壁の左端の高さ方向のラインを基準線とします。

これは寸法をとる基準の線であり、最終の仕上げの段階まで残る大事な線です。

正面が斜めに傾くことにより、この場合の間口寸法や水平方向の線の傾きなどを求める点が CP です。**HL と基準線の交点を CP とします。**

### ■外観パースを描くための用語

| | |
|---|---|
| HL | 目線の高さの水平線（ホリゾンタルライン）＝通常立ってみた時の目の高さ |
| VP | 消点（バニシングポイント） |
| GL | 地盤面（グランドライン）。地面と建物が接地するところ |
| CP | 角度のついた寸法をとるための測点（センターポイント） |
| パースライン | 水平方向の遠い VP' に交わる線。遠すぎて図面上にはとれないため、VP' に結ぶ、想定で引かれた角度のついている線。 |
| 外形線 | パースラインの最も外側の線 |

## 正面の壁を描く

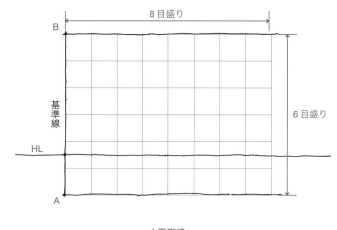

### 1 基準線上に高さをとる

描きたい紙面の左寄りに垂直に基準線を引き、その線上に地盤面の位置 A を決めます。次に A から建物の最高部高さ 6,000（B）と目の高さ（HL）1,500 をとります。A、B そして HL の点から右方向に水平線を引きます。

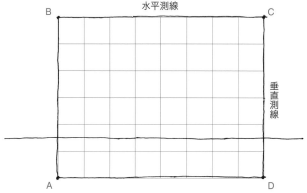

### 2 正面の外形をとる

建物最高部高さ B から右方向に伸ばした水平線（水平測線）に建物間口寸法 8,000（C）をとります。そこから垂線（垂直測線）を下ろし、A から水平に伸ばした線との交点 D を結ぶ ABCD の長方形が、立面の外形（正面の壁の形）となります。

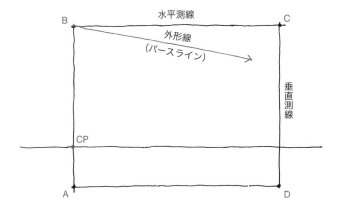

### 3 正面の壁に角度をつける

このパースは、建物を斜めから見たアングルですので、正面の壁に任意の角度をつけます。この角度は、最終の仕上がりを想像しながら決めてください。

最高部高さ B から C-D の方向に向かって任意の角度の外形線（パースライン）を引きます。

**Point**

斜めから見ているので、正面の壁 B-C が傾いて見えます。その角度のついた線をパースラインといいます。パースラインは、HL 上の正面側の VP'（右側の延長線上）に交わります。

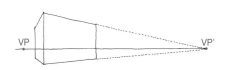 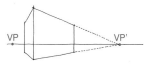

VP' が遠いと正面寄りのパースになります。

## 4 正面壁の右端を描く

C から CP に向かう線と外形線との交点を C' とすると、B–C' がパースとしての正面壁の間口寸法になり、C' から垂線を下ろします。同じように D から CP に向けて線を引き、C' から下ろした垂線との交点 D' と A を結びます。これで ABC'D' がパースでの正面壁となります。

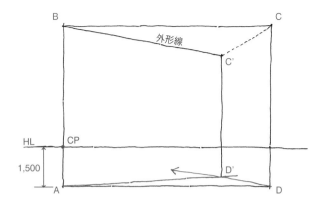

## 5 正面壁の開口部高さ 寸法をとる

基準線上に正面の開口部の高さ寸法をとります。この点から水平線を伸ばし、垂直測線との交点それぞれから CP に向けて線を引きます。この時、C'–D' 線上の交点と、基準線上の交点を結ぶと、外形線と同じ右側の遠い VP' に向かう角度があらわれます（これもパースラインです）。

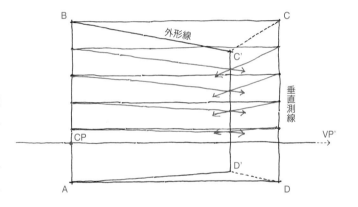

## 6 正面壁の開口部の 間口寸法をとる

水平測線上に開口部の間口寸法をとります。それぞれの点を CP に結んで外形線との交点を求め、垂線を下ろせば、開口部の間口寸法が正面壁上にとれます。

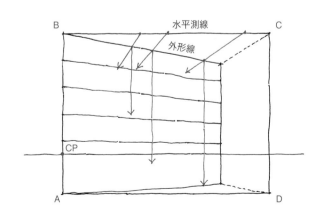

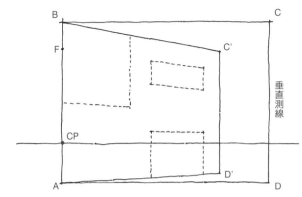

## 7 正面壁の開口部を描き込む

正面壁の高さと間口の線から開口部の位置が確定したら、正面壁の描き込みは完了です。

## 側面を描く

## 8 奥行方向を描くためのVPをとる

HL 上、基準線の左側に奥行方向の平行線が交わる点（VP）を任意にとります。このVP が基準線上に近いほど建物に近づいて見ている構図になるので慎重に決めてください。基準線上（A から上）に建物の奥行寸法 F をとり、**5** と同じ方法で E' を求めます。ここで AFE'D' から VP に向かって線を引きます。

正面側の寸法と、奥行の寸法をとるのに必要な点がとれたので、ここからは CP は使用しません。

## 9 右側奥の側面に奥行方向の正方形をとる

まず E'–D' を一辺とする正方形を求めます。その方法として E'–D' と HL との交点を CP' とし、E' から VP 方向に、E'–D' と同じ長さを水平線上にとり、CP' に結びます。E' から VP に向かう線との交点 E'' から垂線を下ろし、D' から VP に向かう線との交点 D'' とします。E'–D' を一辺とする正方形 E'D'E"D" ができました。

## 10 左側面の壁をとる

奥行方向に求めた正方形の点 E" からパースラインに沿って VP 方向に線を伸ばし、F から VP に向かう線との交点 F' から垂線を引くと、基準線上の A-F を一辺とする正方形ができます。これが奥の側面で求めた正方形の対面にあたります。

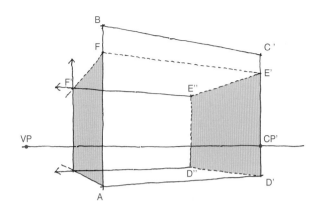

## 11 奥行寸法をとるための 「奥行寸法補助線」を描く

左側面の正方形のAからF'に対角線を引きます。これを利用して奥行寸法を基準線上にとり、そこから VP に向かう線と奥行寸法補助線との交点が、左側面の奥行になります。

側面に開口部がある場合も、基準線上に奥行寸法をとり、VP と結んだ線と奥行寸法補助線との交点によって求められます。

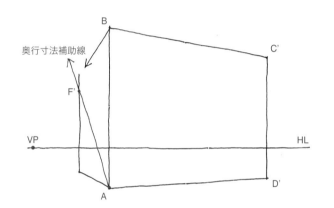

■**奥行寸法補助線の使い方**

正方形は 4 辺の長さが同じです。垂直方向に一定の長さをとって、そこから水平に移動して、対角線との交点を下ろせば長さ寸法になります。この性質を利用して垂直方向に奥行寸法をとり、VP に向かって線を引いて「奥行寸法補助線」との交点を下ろせば、奥行寸法がとれます。

正方形の対角線（奥行寸法補助線）

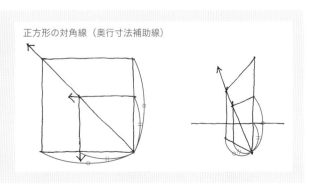

第一章　さっと描けるパースの基本

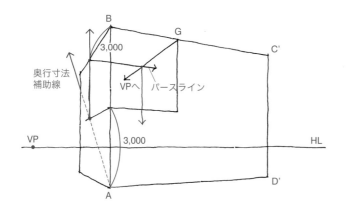

## 12 2 階のへこみ部分を描く

基準線の A から B に向かって奥行寸法
3,000 をとり、VP に向けて線を引きます。
奥行寸法補助線との交点を上げ、へこみ部
分の奥行が出たら G から VP に向かって線
を引き、へこみ部分の奥での位置を確認し
ます。

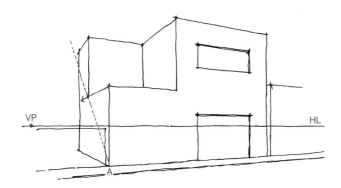

## 詳細、点景を描いて完成

## 13 詳細を描き込む

開口部、2 階のへこみ部分の確認ができた
ら建物の下描きは終了です。

## 14 点景を入れて完成

建物の意匠を検討し、建築材料、手すり、
ルーバーなどを描き込みます。
HL を目安に、樹木、車、人など、手前から
順に清書します。

陰影を入れて完成です。

▶ p.22

# インテリア 1 消点パースを描こう

インテリアは、すべてこの起こし方で進めていきますので、しっかり身につけていきましょう！
完成図はこちら。p.30 の図面を使って描き方を覚えていきましょう。

## 建物の特徴

・住宅のリビングルームです。
・庭に続く奥壁に開口部（サッシ）があり、手前左壁にドアがあります。
・ソファ、テーブル、テレビボード、スタンドタイプの照明が主な家具レイアウト。
・天井にはダウンライトが設置されています。

## 構図について

インテリアの場合、目線の高さ（HL）は、座っている位置を目安にしますので、外観
より少し低めに設定します。その方が、天井高が高くて空間を広く感じさせます。
また、今回は 600 のグリッドを利用して起こすので、HL を 1,200 とします。
インテリアは基本的に天井、床、正面、両側面全体を見せるべく 1 消点で描くケース
が多いです。安定感のあるくつろぎスペースを意識します。

## 図面を見て形をつかむ

今回描くのは間口 3,600、奥行 3,600 の部屋です。展開図はないものとします。

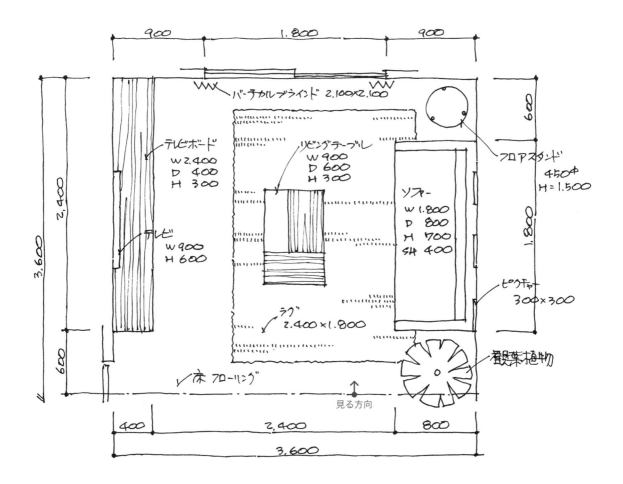

## 描く準備

間口 3,600、奥行 3,600、広さ 8 畳ほど、天井高は、住宅の一般的な高さ 2,400 として洋室の空間を起こします。奥の壁から手前に 3,000 のところに立って部屋を見ている設定です。目の高さ（HL）は座った時を想定して 1,200 とします。今回は、もっとも描きやすくて正確だと思われる 600 グリッドに割り付けて描いていきます。

▌インテリアパースを描くための用語

HL　目線の高さの水平線（ホリゾンタルライン）。今回は 1,200
VP　消点（バニシングポイント）。今回は右の壁から 1,200 に設定
CP　奥行を決めるための点。VP から遠い方の壁と HL の交点

## 空間(箱)を起こす

# 1 部屋の枠を描く

今回は、1目盛り200として描いていきます。紙面にあわせた適当な寸法の垂線を左に寄せて描きます。その上端と下端の点から水平線を右に伸ばします。これが部屋の左端と天井、床面の一番手前の部分です。次に垂線の真ん中に水平線を引きます。天井高は2,400に設定しているので、この水平線は1,200＝目線の高さ(HL)となります。間口寸法は、3,600なのでHL1,200の3倍です。1,200×3の長さを基準線から水平方向にとれば、3,600の間口寸法がとれます。

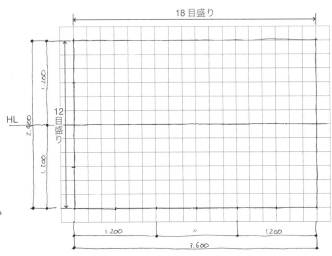

# 2 消点(VP)を決める

HL上に任意の点をとり、消点(VP)とします。今回は右の壁から1,200のところに設定し、各点ABCDからVPに向けて線を引きます。VPは、椅子に座って見ている場所と考えるとわかりやすいでしょう。

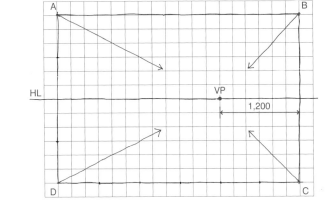

# 3 一番奥の壁を描く

HLと、VPから遠い壁との交点を測点(CP)とします。奥の壁までの奥行寸法は3,000です。
まずCP側にあるDを起点にC-D上に3,000の点をとります。その点とCPを結び、DからVPに予め伸ばしておいた線と交差させれば、一番奥の壁の左下端D'がとれます。
この方法で描くと、通常より視野角が広いので、若干奥が深く見えます。

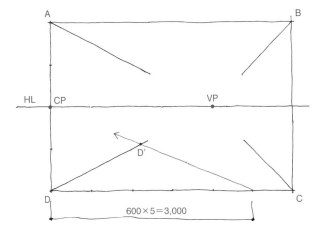

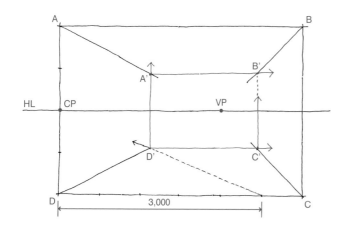

## 4  部屋の空間が完成

D'を水平垂直に移動させて、ABCからVPに向かっている線との交点を一周させると一番奥の床、壁、天井が描けました。こうすることで部屋の空間が浮かびあがってきます。

## グリッドを割り付ける

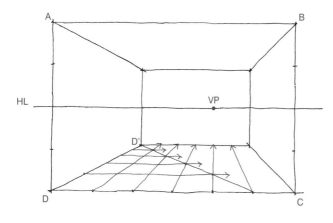

## 5  間口方向のグリッドを入れる

D−C間を6等分し600ピッチを割り込み、それぞれの点からVPに向けて、奥の壁まで伸ばします。D−D'は3,000なので、D−C間の5目盛り分の寸法とD'を結べば、奥行寸法は5等分され600×600のグリッドが床面にできます。

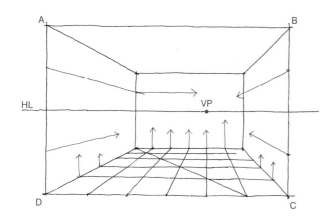

## 6  高さ方向のグリッドを入れる

A−D上、HLから上下の中間点をとれば、ここにも高さ600ピッチの点がとれます。これをVPと結び左壁を4等分します。右壁も同様に4等分します。同時に奥の壁も左右をつなげば、高さが4等分できます。奥の壁で間口方向のピッチも床面から垂線を引き上げれば、部屋全体に600ピッチのグリッドが完成です。

## 開口部、家具を描く

### 7　開口部 間口寸法の割り込み

ドアは、左の壁の手前から 300 の位置まで
なので、グリッドを確認して描き込みます。
窓も同じく奥の壁の左右から 900 の位置に
ありますので描き込んでください。

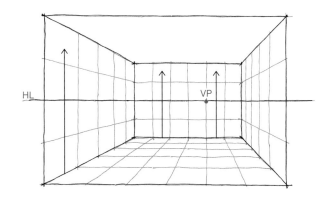

### 8　開口部 高さ寸法の割り込み

開口部の高さは図面上に記載されていませ
んが、一般的なサイズの 2,000 として割り
込みます。

1,800（3 グリッド）＋ 200（グリッドの
1/3）となります。

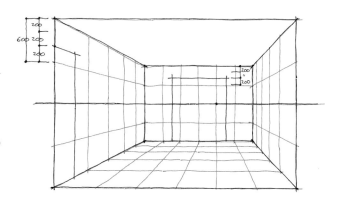

### 9　家具 床面にレイアウト

床面グリッドを利用して家具を床面に配置、
そこから上に垂線を立ち上げます。

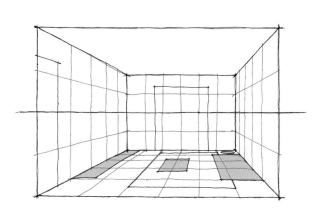

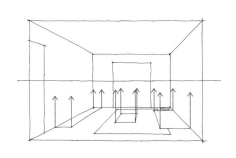

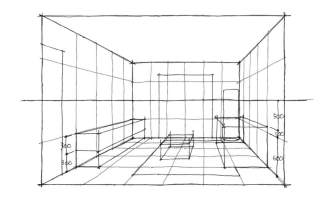

# 10 家具
## 高さ寸法を割り込み

家具の高さを壁のグリッドで確認して、水平に伸ばした線と、予め床面から立ち上げておいた線との交点を求め、上端の位置を描き込めば、家具の形が見えてきます。

## 詳細を描き込み完成

# 11 点景を描いて線画完成

観葉植物や家具などを、手前にあるものから順に清書していきます。あくまでも HL を基準にし、大きさ、形を確認しながら描きます。

陰影を入れて完成です。

▶ p.29

▍**家具・照明の描き方**

壁に接していない家具は、床面から HL までの距離を 1,200 を利用して割り込みます。

例えば、高さ 3,000 のテーブルは、1,200 の 4 分の 1 で描き込みます。

天井は複雑なケースを除いてグリッドは利用しませんが、照明器具を描く場合など必要に応じて、壁のグリッドをぐるりと回して位置を確認して描きます。

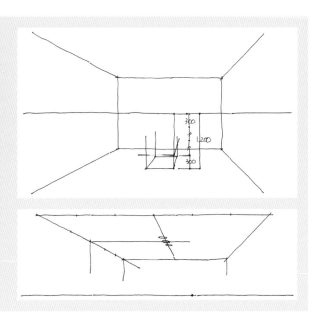

## 点景が入るとどうなるの？

点景（いわゆるパースにおける樹木、車、人物など。添景ともいう）を入れることで、より臨場感が増し、スケール感や生活感を演出することが可能になります。

正確に描くのが非常に重要ですが、すべての点景をマスターするまでには、大変な労力を費やすことになるため、まずは、樹でも車でも得意なものを1種類ずつ覚えておくことから始めましょう。

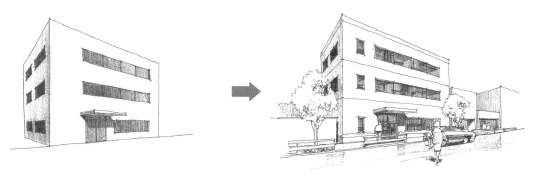

### ■ 外観の点景

点景を描くことで、背景や立地環境を明確にし、建物用途の説明や、その建物の大きさ、環境などの雰囲気を醸し出すことができ、より現実的な予想図になります。

例えば、駐車場の位置、前面道路の幅員、歩道の有無、通行方向、隣接地との関係性などが表現できます。

そして、外観における点景は、絵としてのバランスをとるひとつの道具でもあります。

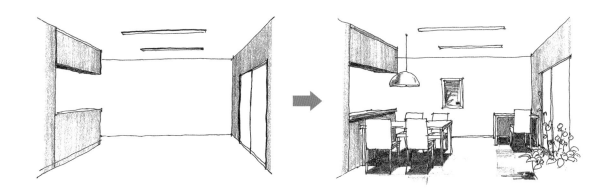

### ■ インテリアの点景

家具や照明器具も点景として捉えられるケースが多いですが、一般的には建築工事の中でも「別途工事」として図面に表示してあるものは、点景と考えています。

家具は、インテリアの重要な要素となるので、正確な表現が必要とされます。カタログや実物をよく見て描くことが要求されます。

観葉植物なども、クライアントの中にはかなり詳しい方も多いので、正確に描けるようにしておきたいところです。

## 点景の描き方：植栽

植栽の描き方には一定のパターンがあります。実際の木の形を把握したうえで描いていきましょう。
まずおおまかな形をとり、葉の形状を描き入れ、全体を整えます。

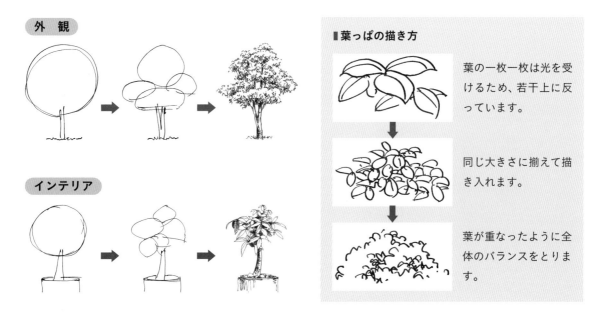

外観

インテリア

■葉っぱの描き方

葉の一枚一枚は光を受けるため、若干上に反っています。

同じ大きさに揃えて描き入れます。

葉が重なったように全体のバランスをとります。

## ■この点に注意！

葉は同じタッチ、大きさに樹を形づくります。光が当たる上部は単線で描き、影になっている部分は線を重ねることで暗く見せることができます。

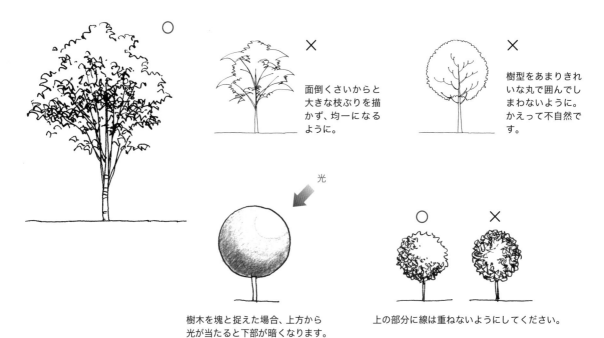

○

×
面倒くさいからと大きな枝ぶりを描かず、均一になるように。

×
樹型をあまりきれいな丸で囲んでしまわないように。かえって不自然です。

光

樹木を塊と捉えた場合、上方から光が当たると下部が暗くなります。

○　×
上の部分に線は重ねないようにしてください。

## 植栽の例

参考にして描いてみましょう。

### 外　観

エゴノキ

トウジュロ

シダレヤナギ

ハナミズキ

カクレミノ

クスノキ

### インテリア

アレンジメント

シュロチク

ヤエヤマヤシ

パキラ

ドラセナデレメンシス

ベンジャミン

## 点景の描き方：人物

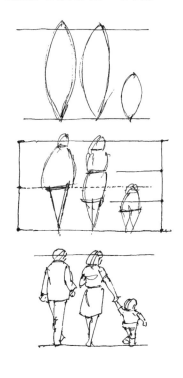

**1** HLは目の高さなので、頭の位置を決めて、そこからGLに足元がくるように大まかな形をとります（HLが1,500なら、身長1,650の人の顔がHLに重なるようなイメージ）。

この時に大人も子供もバランスよくパース上に配置します。建物の前に配置するとリアル感を出せますが、建物の重要な箇所が隠れないように気をつけましょう。

**2** スーツ姿の男性の場合、スーツの下端がHLとGLの半分の高さになるようにします。女性の場合は、HLからGLの3分の1のところにウエストとスカートの下端になるように分割します。子供は大人の半分くらいの高さで描きます。

**3** 細部を描き込みます。パンツ姿の女性も基本的には**2**のスカートと同じラインにウエストがくるように。子供の頭のサイズも大人の頭とあまり変えなくても大丈夫です。

### ■ 人物の例

点景例を参考に描いてみましょう。

人物は主に外観パースで描きます。

## 点景の描き方：車

大きさや要素に変化はないものの、車の形状はトレンドがあり、時代を象徴するものです。

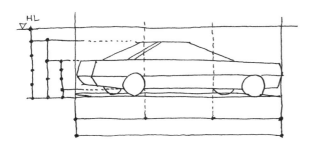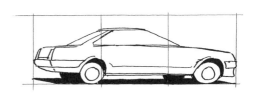

W＝1,500、L＝4,500、H＝1,200を目安にして描きます。

車の大きさを少し小さめに描くと、建物を少し大きく感じさせることができます。

HLを1,500とすると、車の高さはHLまでの5分の4、長さがHLの3倍くらいです。

窓とボディの厚みは、1：2程度で描きます。

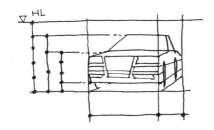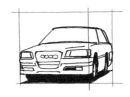

正面の幅（W＝1,500）はHLと
同じということになります。

車体に少し丸みをもたせて、ライトや
バンパーなどを描き込みます。

■見なくても描けるようになりたい！

写真などをなぞって形を覚えるのもひとつの方法です。

大まかな形をとってから見本を見て細部を描き込んでいきます。

ライトの位置などがどう見えるかを理解していきましょう。

なぞってみよう！

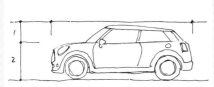

## 点景の描き方：家具

基本的にはインテリアの雰囲気を決めるものです。ここでは特に家具の代表格、椅子の描き方を説明します。

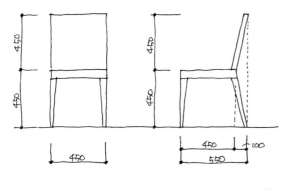

椅子の座面の高さ 450 を規準にして、一辺が 450 の立方体を 2 つ重ねます。椅子の背もたれ、足の角度をつけて形状を描き込みます。

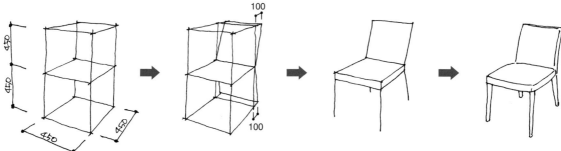

どんな椅子でもすべて四角い箱に入っている状態を考えて、まずは四角い箱を作るところからスタート。

### ■ダイニングテーブルセットを描いてみよう！

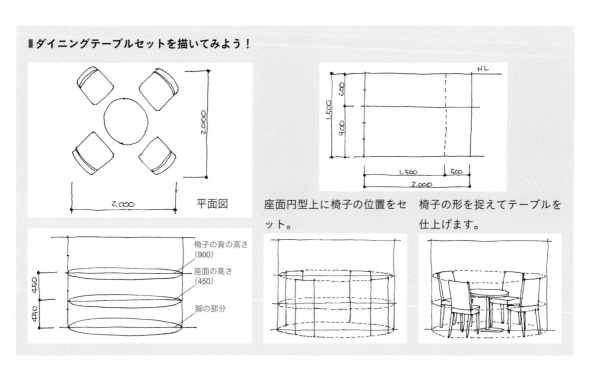

平面図

座面円型上に椅子の位置をセット。

椅子の形を捉えてテーブルを仕上げます。

■家具の例

基本の描き方に加え、これを覚えておけば、もっとスピーディーにパースが描けます。

### 三角法

三角法は、立体を平面上に表す方法で、モノの形状を正確に表現でき、建築製図や機械製図に用いられています。これを頭においておくと、家具や車、そのほか建物の細かなおさまりを描くのに役立つでしょう。
基本的な図面構成は、上から平面図を描き、正面から見た正面図、側面を見た側面図になりますが、建物の場合は方位があるので、東西南北の各立面図という読み方になります。

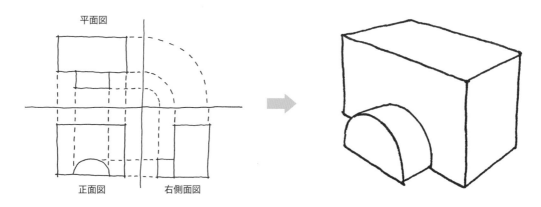

### 分割法

平面上では、長方形の分割は、寸法を測ればできますが、パース上では遠くになるほど短く見えるので、それがかないません。そんな時に頼りになるのが対角線です。

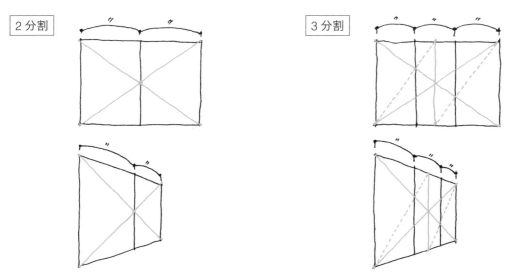

①長方形の対角線を四方から引いた交点から垂直線を引けば、そこが水平方向の中央になり、長方形を左右に2等分することができます。

②この中央値と上の水平線との交点から左下、右端から下線の中央値の交点に線を引き、左から右下に下ろした対角線との交点を割り出せば、長方形を3等分することも可能です。

# 第 2 章

## 名建築を速描き！

# 構図（アングル）が決め手！
# シンプルな建物を魅力的に描く

**＊　＊　＊**

## サヴォア邸

設計者　ル・コルビュジエ
竣工　　1931年
所在地　フランス・パリ

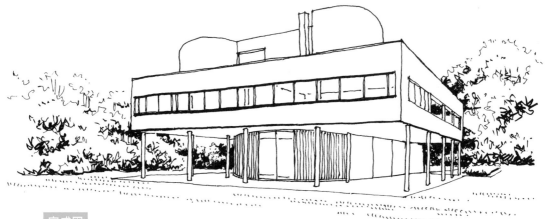

完成図

### 建物の特徴

この建物は世界の3大建築家と呼ばれているル・コルビュジエの設計した有名な住宅です。
平面図をみると 19m × 19m の柱スパンで正方形の形になっています。
19m の間口を 4 スパンに等分割しているので、一瞬、簡単そうに見えますが、2 階部分が 1
階より前後に 1m ずつ張り出す個性的な形状です。また 1 階と屋上階にアール型の壁があり、
柱の位置を確認しながらその形状を捉えるのが、やや難解かもしれません。

### 構図について

正面、側面とも同じ角度で見るより、どちらかを正面と決めて描く方が迫力が出てきます。
このアングルのとり方なら屋上もうまく見せることができます。

### 描く準備

今回は 1 階の右端の柱を基準線とします。
この線は、寸法をとる基準の線であり、最終の仕上げの段階まで残る大事な
線です。

ル・コルビュジエ

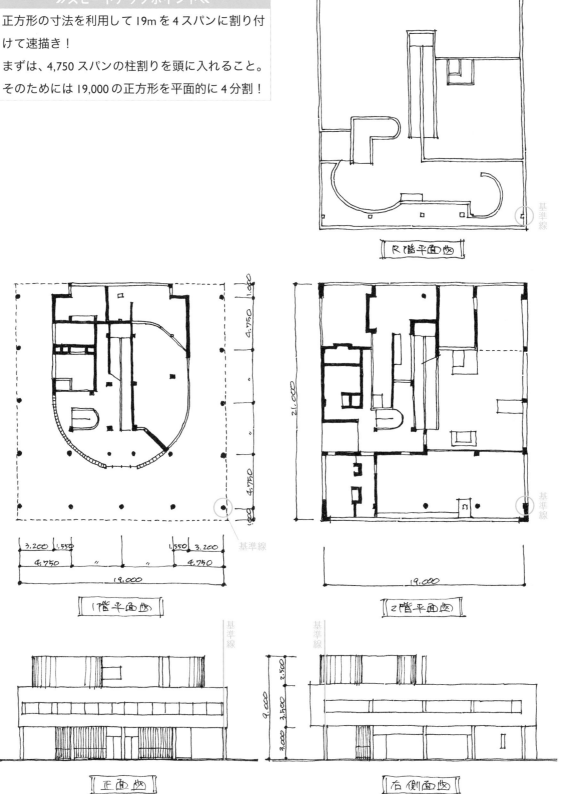

>>スピードアップポイント≪

正方形の寸法を利用して19mを4スパンに割り付けて速描き！

まずは、4,750スパンの柱割りを頭に入れること。

そのためには19,000の正方形を平面的に4分割！

R階平面図

1階平面図

2階平面図

正面図

右側面図

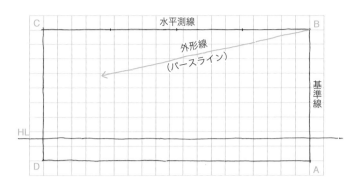

## 正面の壁を描く

## 1 基準線上に高さをとり、正面の壁の角度をつける

見せたい面は、メインとなる正面と右側面。まず正面右端の柱位置を基準線として垂直に引き、地盤面（A）から最高部高さをとります（B）。そこから左に正面の間口寸法をとって正面の立面を描きます（ABCD）。GL から目の高さの水平線（HL = 1,500）を引きます。次に基準線上の最高部高さ B から任意の角度の線（外形線）を左方向にとります。

> **Point**
> 外形線の角度がきつくなればなるほど、正面から右側に移動して見ていることになります。

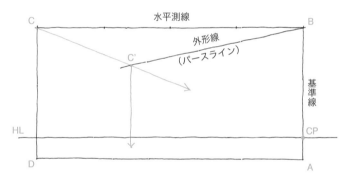

## 2 正面の壁の左端を描く

外形線が引けたら、正面側の最も左端の最高部高さの C 点から CP に向けて線を引きます。外形線と C から CP に結んだ線との交点 C' から垂直に下ろします。これが外形線による角度の間口寸法になります。

## 3 正面の壁の高さ、下端を描く

正面壁の開口部など、必要な高さを基準線上にとり、それぞれ水平に引いて、垂直測線（C-D）との交点から CP に向けて線を引きます。C'-D' 上に交わった点と基準線上にとった点とを結べば、外形線と同じ左側の遠い VP' に向かう角度が出てきます（パースライン）。

## 4　正面壁の開口部の間口寸法をとる

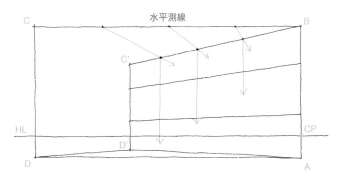

水平測線 B–C 上に間口寸法をとります。
ここでは柱の 4 スパンをとります。
水平測線上でとった寸法を CP に結ぶと外形線との交点が出るので、この交点を垂直に下ろします。これがパース上の正面柱位置になります。

**Point**
間口の寸法並びにパースラインを求めるためにとった CP を使うのはここまで。
この後は奥行関係の寸法、角度を求めるため VP を使うので、注意してください。

### 側面の壁を描く

## 5　奥行寸法をとる

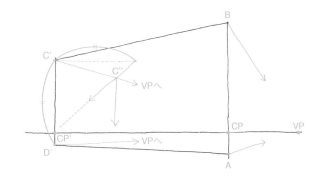

ここから奥行をとります。
HL 上に奥行方向の平行線が交わる任意の点 VP をとり、VP を決めたら、A、B、C'、D' からそれぞれ VP に向かって線を引きます。
ここで C'、D' から VP に結んだ線を一辺とする正方形を見つけます（C"）（▶ p.26）。
VP が基準線に近ければ近いほど、建物に近づいて見ている構図になります。

**Point**
今回の奥行は 19m、建物の高さ 9m の約 2 倍になるので、9m の奥行をとってから倍に増幅します。

## 6　右側面の壁を描く

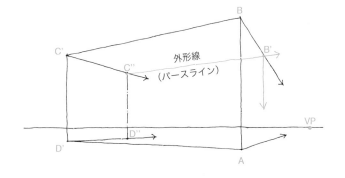

C" から VP 方向にパースラインに沿って延長して、B から VP に向かっている線との交点 B' を垂直に下ろすと、奥行 9m の正方形（建物の高さが 9m なので）が右面にできることになります。

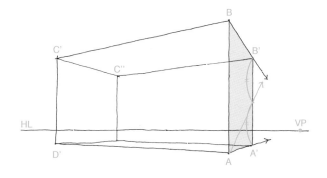

## 7　正方形を倍の長さに増幅

この建物は柱までの奥行19mなので、ここで描いた正方形の奥行9mのほぼ倍になります。よって奥のA'、B'の真ん中の点を求めてAからその中心点を延長すれば9mの2倍の寸法の奥行が求められます。

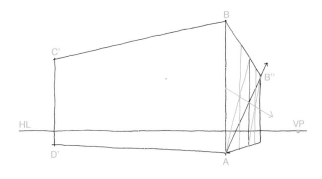

## 8　右側面壁の奥行寸法を割り付ける

この延長線と、BからVPに向かっている線との交点B"が9mの倍18mになりますが、このスケールで1mは許容範囲とします。奥行方向の寸法を4分割すれば柱の割り付け完了です。

### 2階を描く

## 9　正面の壁の飛び出した部分を描く

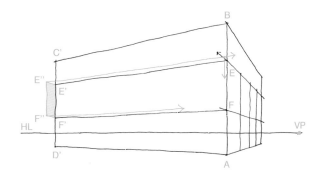

3で求めた高さ関係の寸法をVPから延長し、正面壁の飛び出した部分の壁を描きます。VPから延長したE、F、E'、F'から手前に張り出す2階部分は、柱から1m飛び出しているので、それを描き込みます。

E'ーF'から延長したところで、飛び出した部分1mの目安をつけます。目安の元となるのは、E'ーF'の高さ3.5m。1：3.5の割合になる長さを目測で求めます。寸法的にもとれますが、手で移動している間に狂う可能性が高いので、この比率でとる方が正確です。

## 10 窓の高さを描き込む

図面には窓の高さ寸法は表示していないので、目測でパースラインに沿って描き込みます。

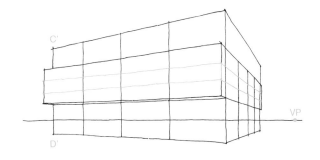

形状を整える

## 11 1階部分の柱・壁を　　描き込む

1階奥の壁の位置は柱位置から割り出します。奥行方向はVPへ、水平方向はパースラインへ、特に1階の壁をとるために柱位置は重要なので、柱位置を正確にとり、壁の位置も確認します。

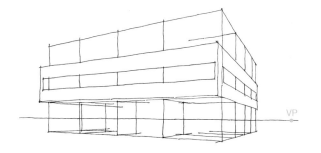

## 12 全体の形状を描き込む

また屋上の壁の位置も、柱の位置から割り出して形を整えてください。大まかな壁面の位置がとれたら、形状を整えていきます（アールのついた壁が多いので平面図で柱と壁の位置を確認しながら慎重に）。

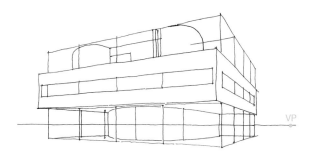

この建物の正面は、広い芝貼りの庭園ですが、背景は樹々に囲まれています。
背景、手前の葉などを描き込めば完成です。▶ p.44

# 樹々の中にたたずむ
# 建物を表現する

＊　＊　＊

## 軽井沢の山荘（外観）

設計者　吉村順三
竣　工　1962年
所在地　長野県軽井沢

完成図

**建物の特徴**

1階が鉄筋コンクリート造で2階が木造の混構造。建築面積51.8m²、延床面積87.7m²という
コンパクトな造りです。

**構図について**

建物は間口7,200×奥行7,200の面積で、高さも7,200といったコンパクトなものですが、
2階部分が三方に張り出していて屋根も片流れ勾配がついているので、初心者が描くには少
しハイレベルですが、凹凸のある壁面を描く練習には最適な建物です。また、周囲は緑に囲
まれていて背景を描く勉強にもなります。

**描く準備**

南側の壁を正面とし、その壁の左端を基準線とします。

吉村順三

≫スピードアップポイント≪

間口・奥行・高さが約 7,000 の立方体と捉え、ひとまず大まかな立方体ができたら、
それを削りながら1階部分や屋根などの形を表現していきます。

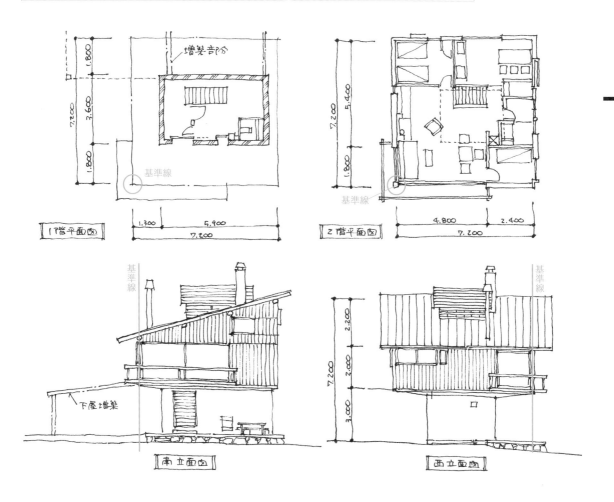

通常、目の高さは、立って見た 1,500 が基本ですが、この建物は坂道を上りついたところに建っているので、
見上げた感じになるように、目の高さ（HL）を建物の地面（GL）からの高さとして設定します。

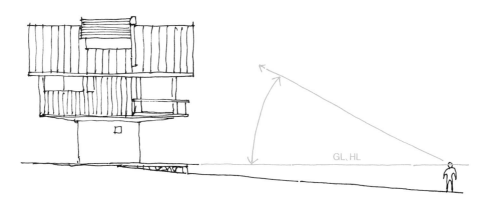

## 正面の壁を描く

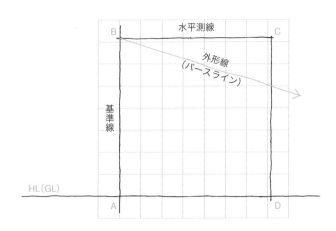

## 1　基準線上に高さをとり、正面の壁の角度をつける

HL（GL）を引き、基準線を垂直に描きます。そして基準線上に最高部高さ B をとり、そこから水平に右方向に線を引き、間口寸法をとります（B–C）。
次に B から外形線を引きます。

> **Point**
> 外形線の角度は任意ですが、この角度がきつくなればなるほど正面から左に移動して見ていることになります。

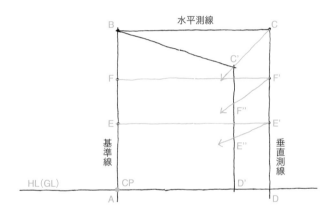

## 2　正面の壁の高さ寸法をとる

間口寸法 C から測点 CP（HL と基準線の交点）を結ぶ線を引き、その線と外形線との交点 C' から垂線を下ろします。基準線上に階高 E、軒高 F をとり、水平に移動させ垂直測線（C–D）上の点から CP に線を結び、C' からの垂線との交点をそれぞれ求めます（E''、F''）。

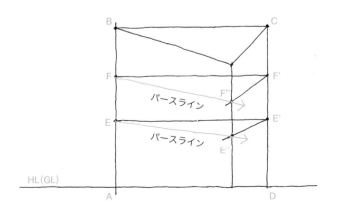

## 3　正面の壁の高さのパースラインを求める

F と F''、E と E'' を結ぶと、それぞれの高さのパースラインが引けます。

## 4　正面壁の開口部の 間口寸法をとる

開口部の水平方向の寸法を水平測線上にとり、各点を CP と結び、外形線との交点から垂線を下ろします。

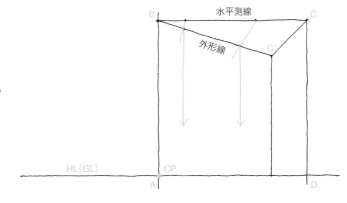

## 奥行、側面の壁を描く

※ここからは奥行寸法をとることになるので CP は使いません。奥行をとるために 4 までの線は省略しています。

## 5　奥行をとる

建物との距離を考えて HL 上に VP をとり、B、C' から VP に結びます。A、D' も結びますが、HL と重なっています。
高さと奥行がほぼ同じ寸法なので C'–D' を一辺とする正方形をとります。
正方形のとり方を思い出してください（▶p.26）。

※VP が基準線に近いほど建物に近づいて見た感じになります。

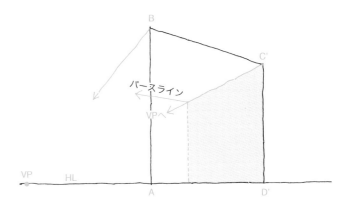

## 6　奥の壁を描く

奥の壁で正方形が求められたら、C" をパースラインに沿って左側に移動させ、B から VP に向かう延長線との交点 B' を求めます。B' から垂直線を下ろすと左側にも正方形ができます。

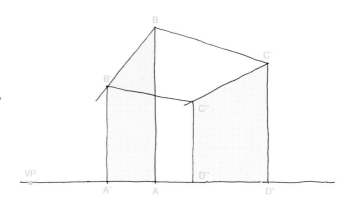

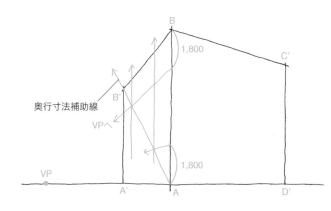

## 7 左側面の壁の 奥行寸法を割り込む

左側にできた正方形のA−B'を結んで対角線を引きます（奥行寸法補助線）。これを使って奥行寸法をとります。

まず基準線上にAからBに向かって奥行寸法をとり、これをVPに結びます。この線と奥行寸法補助線との交点から奥行寸法を求めることができます。

> **Point**
> 奥行寸法のとり方がわからなくなったらp.27を復習！

### 1階壁面と屋根勾配を描く

## 8 1階部分の寸法を 割り込む

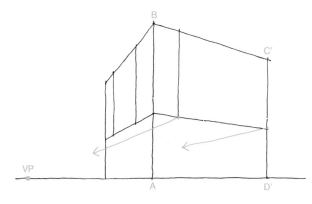

1階部分左側が1,300奥に入っているので、4で求めた間口寸法を使って、VPと結びます。

## 9 1階部分の寸法を 割り込む

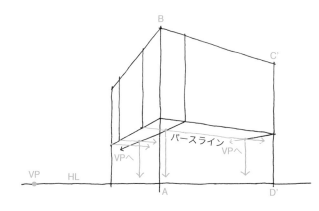

1階部分は側面も奥に入っているので、パースラインに沿って奥まった壁の位置を求めて、その点から垂線を下ろします。

## 10 屋根の勾配をつける

軒高と棟高の線を結んで斜めに大きく傾いた屋根の勾配を求めます。パースでは勾配角度が出せないので、点と点を結んで勾配を求めます。

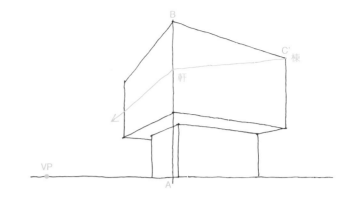

凹凸を描いて完成

## 11 軒を描く

軒の出の部分を手前、両横に延長して、各面での出っ張りを比率寸法から求めます。

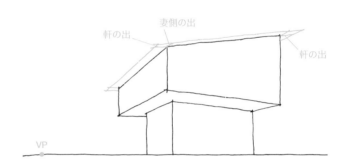

## 12 開口部を確認し
### 　　 バルコニー、手すりを描く

屋根部分の厚みをつけたら、バルコニーも同じ要領で飛び出させます。手すりの高さを求めて描き加えます。あまり細かい寸法は気にせずにバランスをとって描けばよいでしょう。

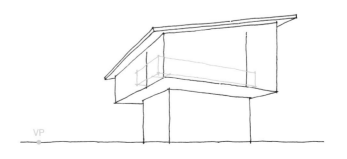

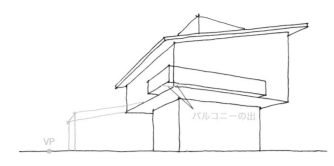

## 13 下屋部分を描く

正確な図面はありませんが、下屋が増築されているので、適宜、寸法をとって勾配を描き込みます。塔屋も描き込んでおきましょう。

## 14 開口部や細部を描く

母屋、煙突、1階、2階の開口部なども高さや間口寸法壁面における比率で割って描き込みます。

## 15 点景を描く

背景、敷地の形状、車、樹木などの点景を大まかに描きます。

後は手前にあるものから順に清書していけば完成。 ▶ p.50

# 屋外の風景を
# 意識して仕上げる

＊　＊　＊

軽井沢の山荘（インテリア）

完成図

### インテリアの特徴

ゆるやかな勾配天井が特徴のリビングルームです。空間そのものは、四角い部屋のプランで
すが、勾配天井、加えてロフト部分、さらに暖炉や煙突、そして屋外の背景描写が、部屋の
雰囲気を決める重要なポイントとなります。

### 構図について

このパースの構図の決め手は、全面開口で、背景に軽井沢の緑を感じるアングルということに
なるでしょう。勾配天井のとり方、また、窓の外の描き方などを身につけるチャンス！

### 描く準備

インテリアは1消点で。見せどころにあわせて消点（VP）を決めます。
2消点にしてしまうと、壁面が2面しか見えなくなるので、全体を見せたい時は、1消点が
適しています。

≫スピードアップポイント≪

勾配天井、ロフトなども、まずは四角い箱空間を作図してから、
足したり、斜めにすると楽に空間を表現できますよ。

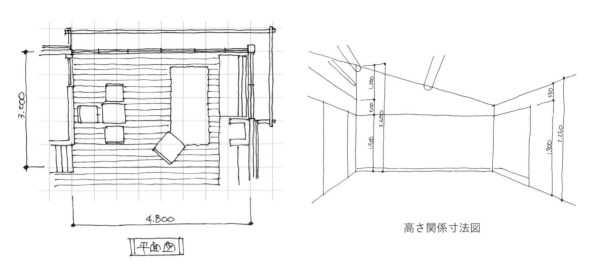

平面図

高さ関係寸法図

展開図、天井伏図を用いるのではなく、写真などから推測して、開口部の内法寸法 1,900、天井の低いところを 2,250、高いところで 3,600 と想定しています。

## 天井勾配の描き方

**側面**

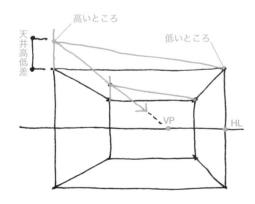

勾配角度はパースでは出せないので、高いところと低いところの点を結ぶことによって勾配を求めます。1 消点の場合は、1 カ所の傾斜角度が見つかれば、ほぼその線に平行になります。

**正面**

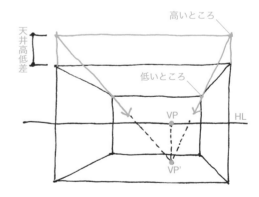

正面から見た場合は、天井の高いところと低いところの点を結び、VP からの垂線との交点が勾配天井の VP' になります。

## 部屋の空間（箱）とグリッドを描く

### 1 部屋の枠を描く

平面の間口寸法4,800、高さ寸法2,400をとります。天井に勾配がついていますが、基準寸法として天井高さ2,400をとります。間口、高さいずれも、ちょうど600のグリッドに割り付けられるので、600ピッチの印も入れておきましょう。HLは1,200とします。

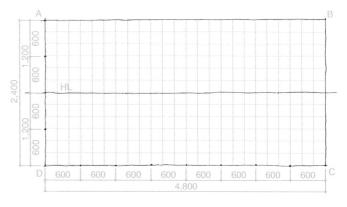

### 2 消点（VP）を決めて奥行をとる

HL上に任意の消点VPを設定します。HL上の遠い方の壁面との交点を測点CPとし、部屋の断面ABCDからVPに向けて線を引き、CPのある壁の床からVP方向に部屋の奥行寸法（今回は3,000）をとり、CPと結びます。CからVPに向かう線との交点C'–C間がパースにおける奥行3,000となります。

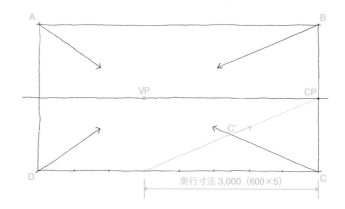

### 3 一番奥の壁と床面のグリッドを割り付ける

C'から水平垂直に線を伸ばし、B、DからVPに向かう線との交点を結んでいくと奥の壁ができます。次に床の間口寸法600ピッチの点からVPに向けて線を結んで、先程のCPと結んだ線との交点を水平に引くと奥行方向にも600グリッドがとれます。

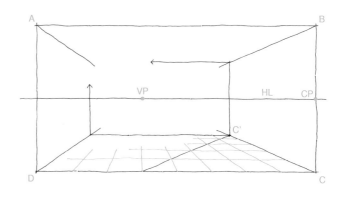

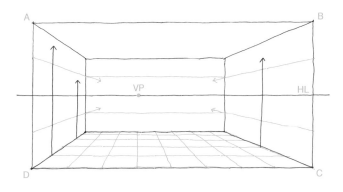

## 4 壁にグリッドを割り付ける

壁に奥行方向の寸法をとりますが、床に書いたグリッドを利用して必要な位置を立ち上げます。間口から立ち上がった D−A、C−B 上に、壁の高さ寸法 600 ピッチの点をとり、これと VP を結ぶことで 2,400 の高さを 4 段に分割できます。

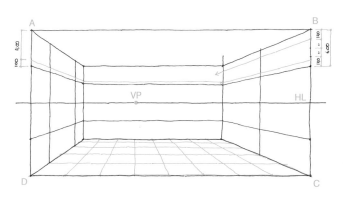

## 5 勾配天井を描く 1

室内の内法寸法は 1,900。1 グリッド 600 × 3 ＝ 1,800 なので、残り 100（600 の 6 分の 1）をプラスしてとります。そして、勾配のついた天井高は、低い方が 2,250 なので、右手前壁 B の 2,400 から 150（600 の 4 分の 1）をマイナスした位置を VP と結びます。

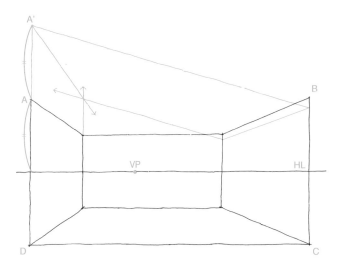

## 6 勾配天井を描く 2

高い方の天井高は 3,600。3,600 ＝ 2,400 ＋ 1,200 なので HL から A までと同じ寸法を上に延長してとり、この点 A' と右側の壁の 2,250 の点を結ぶと天井勾配が現れます。

開口部、家具を描く

## 7　家具
### 床面にレイアウト

平面図のグリッドを参考に家具の位置を落とし込んでいきます。奥行方向の線は、VP方向に注意してください。

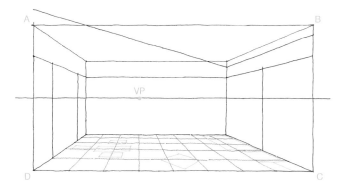

## 8　家具
### 高さ寸法の割り込み

平面位置から家具の四隅を垂直に立ち上げます。この時、家具はすべて四角い箱に入っていると考えて、立方体を捉えるとわかりやすいです。

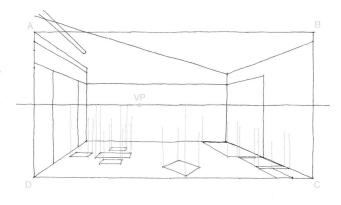

## 9　家具
### 描き込み

HLを基準に家具の高さを求めれば完成です。高さのとり方は、HLの1,200に対して何分の1になるか、何倍になるかをみて割り込みます。

後は手前にあるものから順に形を整えながら清書して、陰影をつければ完成です。

▶ p.57

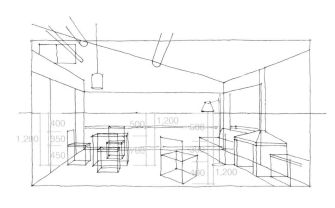

# シンメトリーで落ち着きのある
# 住宅を効果的に見せる

\* \* \*

## 前川國男邸

設計者　前川國男
竣　工　1942 年
所在地　日本・東京
　　　　（現在、江戸東京たてもの園に移築）

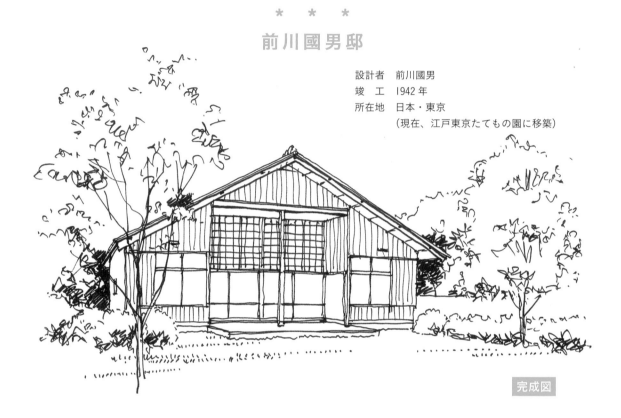

完成図

### 建物の特徴

ル・コルビュジエの弟子として知られる前川國男の自邸です。

80 年前に建てられたもので日本古来の伝統文化への回帰を感じさせる大胆な切妻大屋根の住宅。

### 構図について

何といっても大胆な切妻の大屋根が強調される角度となる南面を正面にするのがベスト。ただし、正面から見ると奥行を感じられない上、中央部の凸凹がわかりにくくなるので、VP は基準線に近いところにとり、奥行を感じるアングルにするとよいでしょう。

### 描く準備

正面が特徴あるデザインなので、正面をメインにして、左側面をさらりと見せるアングルで描いてみます。

前川國男

>>スピードアップポイント≪

正面中央の大開口部分が奥まった、シンメトリーな外観です。
まずは大まかに直方体を捉えてから描き込みます。

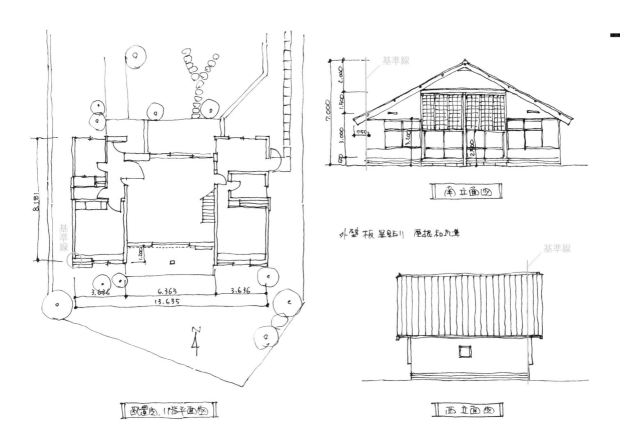

左側を少し見せたいので正面壁の左端を基準線とし、立面図をはめ込みます。
HL は、最も一般的な 1,500 とし、庭に立って見た様子を描きます。

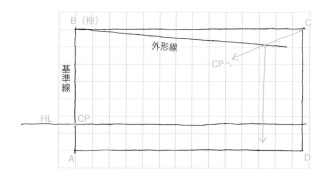

## 正面の壁を描く

## 1 基準線上に高さをとり、正面の壁の角度をつける

左側を少し見せたいので左側に基準線を引き、立面図をはめ込みます（ABCD）。

B から任意の外形線を引きますが、あまり角度をつけないほうがいいでしょう。

C から CP に向かう線と外形線との交点から垂線を下ろします。これがパース上の間口になります。

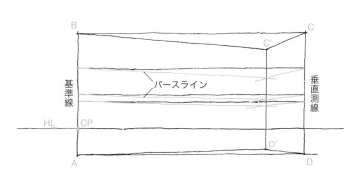

## 2 正面の壁の高さ寸法をとる

基準線上にそれぞれの高さの点をとり、水平に移動。垂直測線との交点から CP に向けて線を引きます。1 で求めたパース上の間口 C'–D' との交点と基準線上の点を結べば、パースラインが出てきます。

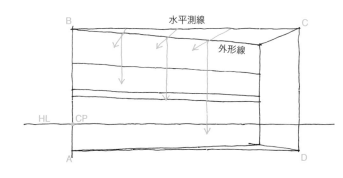

## 3 正面の壁の間口寸法をとる

水平測線上に凹凸部の間口寸法をとり、CP と結んで外形線との交点からパース上の間口寸法をとります。

## 側面の壁を描く

※正面壁の寸法は省いています。

### 4 基準線上に 奥行寸法をとる

基準線を上に延長して、A から奥行寸法 A
−F をとります。F から水平に線を引き垂直
測線との交点 E を求め CP に結び、D'−C'
の延長線との交点 E' を求めます。

### 5 右側壁面で奥行をとり、 左側壁面へ移動する

HL 上に任意の消点 VP をとり、AFE'D' の各
点から VP に結び、E'−D' を一辺とする正
方形を求めます（求め方 ▶ p.26）。
E'−D' を一辺とする正方形が求まれば、奥
の E" からパースラインに沿って、左側に
移動。F から VP に向かう線との交点を求
めます（F'）。

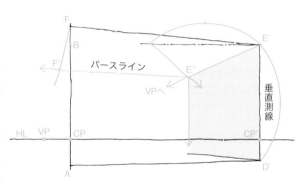

### 6 左側壁面に 奥行寸法補助線を描く

F' から垂線を下ろし、A から VP に向かう線
との交点を求めると、左側にも正方形がで
きます。この正方形で、左側壁面にも奥行
補助線 AF' が引けます。

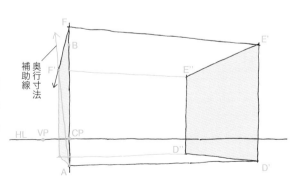

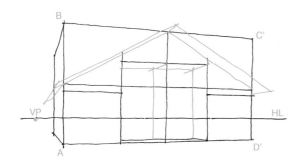

## 7  形状を整える

基準線上に A から奥行寸法（F）をとり、VP に移動。奥行寸法補助線との交点から垂線を上げて、F から VP に向かう線との交点をとり、パースラインを引きます。これが正面の奥まっている部分になります（B と F を間違えないように）。

## 8  軒の部分を描き込む

2、3 で求めた正面の軒と棟の点を結び、屋根勾配を求めます。

勾配ができたら、そこから軒の凸部分を比率で VP から延長させ、正面の凹み部分の位置、奥行を確認します。

## 9  詳細を描き込む

開口部、母屋など細部を書き込み、樹木など点景の大きさと形を確認します。

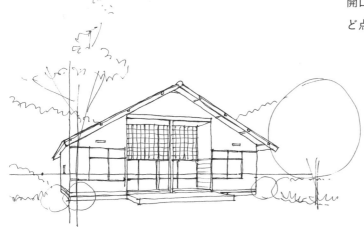

手前から、樹木、建物の細部などを描き込んでいけば完成です。 ▶ p.62

## 階段の起こし方

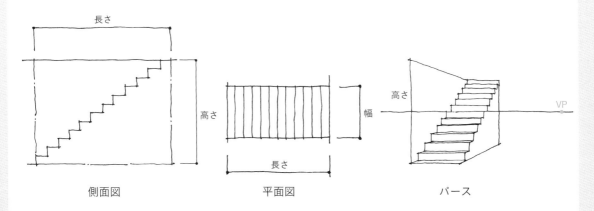

側面図　　　　　　　　　　平面図　　　　　　　　　　パース

**1**

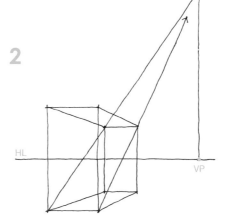

HLとVPを決め、階段室を箱状で捉える。

**2**

箱状の下部と上部を結び、VPから引いた垂線との交点を求める（VP'）。これが階段の勾配になります。

**3**

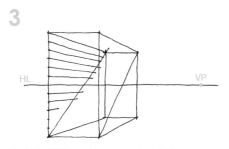

高さを段数で割り込み、VPと結ぶ。

**4**

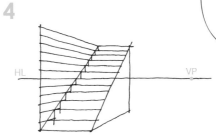

階段勾配線との交点を水平垂直に引く。

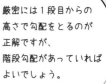

厳密には1段目からの高さで勾配をとるのが正解ですが、階段勾配があっていればよいでしょう。

# きりっとした静寂さを表現する
# 1消点パース

\* \* \*

## ファンズワース邸

設計者　ミース・ファン・デル・ローエ
竣　工　1951年
所在地　アメリカ・イリノイ州

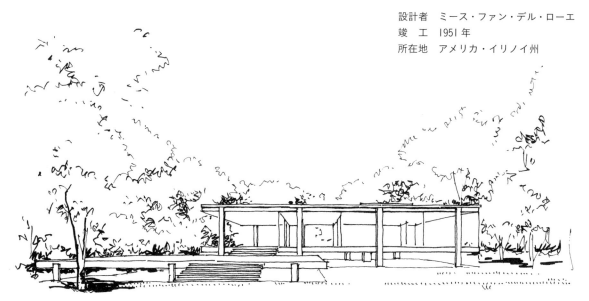

完成図

### 建物の特徴

地上から1,500ほど床を持ち上げ、鉄とガラスでできた建物の浮遊感を醸している。
建物自体、そして手前に広がるポーチと階段、すべての水平ラインが広がりを強調し、柔らかい周囲の自然と溶けあっている。

### 構図について

この建築は、水平垂直が強調されたデザインです。そこで立面図を利用した「立面パース」とも呼べる1消点の外観パースで落ち着いた安定感を出します。

### 描く準備

建物の特徴を強調すべく、立面図を利用した1消点で外観パースを描きます。
立面図を適当な大きさに拡大・縮小して、方眼紙もその倍率にあわせておきます。

ミース・ファン・デル・ローエ

>> スピードアップポイント <<

まず描きたい大きさに縮小 or 拡大した立面図を用意。

手前にテラスが飛び出しているので紙の大きさに余裕をもたせること！

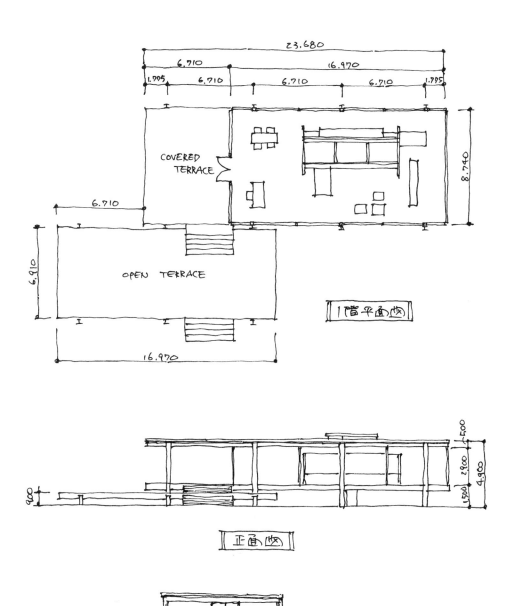

## 立面図をパースにする

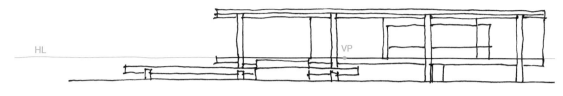

### 1　HL を引く

立面図をそのままトレース。縮尺に注意して HL を引きます。HL を 1,500 とすると、ちょうど 1 階の FL（床高）と重なります。HL 上に VP を任意に決めます。

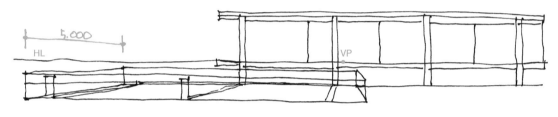

### 2　テラスを描く

テラスの飛び出し部分を描きます。VP から延長して、最も遠い箇所を実寸の約 70％でとり、先端を水平に引きます。今回テラスは 7,000 弱飛び出しているので、7,000 × 7,000 ＝ 4,900、つまり約 5,000 を縮尺に応じてとります。

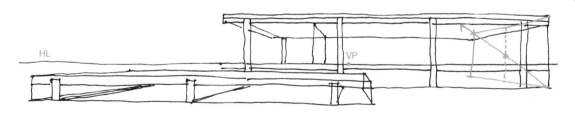

### 3　奥行方向の面を描く

VP に向かって奥行線を引いて建物の奥行をとります。この建物は建物の高さが 4,900 に対し、奥行が 8,700 と約 2 倍弱の大きさになるので、建物の高さの 2 倍をとります。

## ■奥行のとり方

 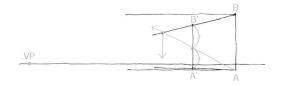

建物の高さが 4,900、奥行が 8,740 ということで、高さのおよそ 2 倍になるので、地盤面（A）から建物の高さ（B）と同寸法を屋根面にとり、その点と CP（HL と A–B との交点）に結びます。B から VP に向かう線との交点が A–B を一辺とする正方形になります（▶ p.26）。

奥行はその正方形の 2 倍になるので奥の A'–B' の中心と A を結んで B から VP に向かう線との交点を下ろすと、同じ正方形を増幅したことになります。

第2章　名建築を速描き！

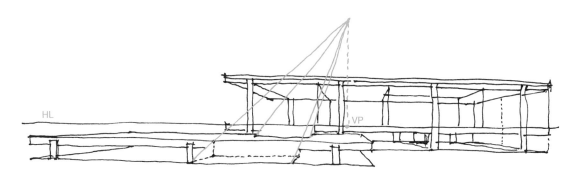

## 4　階段の勾配を描く

階段の位置を平面上で求め、高いところと低いところを結んで延長し、
VP の垂線との交点が、階段の勾配になります（階段の起こし方 ▶ p.67）。

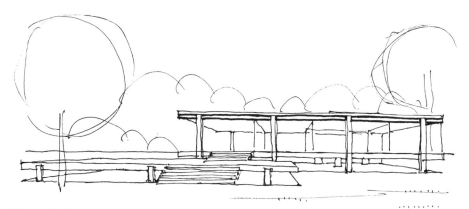

## 5　点景を捉える

背景の線や手前の樹木の大きさなどを確認して、
大まかな形を描き込んでおく。

手前の樹木の形を整えながら清書をしていけば完成です。▶ p.68

# 無機質な建物は
# 背景の描写がポイント

**＊　＊　＊**
グラスハウス

設計者　フリップ・ジョンソン
竣　工　1949 年
所在地　アメリカ・コネチカット州

完成図

### 建物の特徴

鉄とガラスで構成された住宅で、コア部分だけが壁に囲まれ、360 度ガラス張りになっています。同じ敷地内に彼の設計した、いくつもの建築物が立ち並んでいます。

### 構図について

ほとんどがガラスなので、パースを描く時にはむしろガラスはないものとして描くほうが、コンセプトにあうと思います。建物よりもむしろ背景の緑をいかに描写するかがポイントになるでしょう。

### 描く準備

見せどころにあわせて基準線を決めます。
背景と建物とのバランスですが、周りの環境を考えると、建物が浮き上がってくる正面をメインにするのが適切だと思われます。

フリップ・ジョンソン

≫スピードアップポイント≪

ガラスはないものとして、鉄骨で構成された直方体を
イメージして、柱と柱の位置をしっかり捉えましょう。

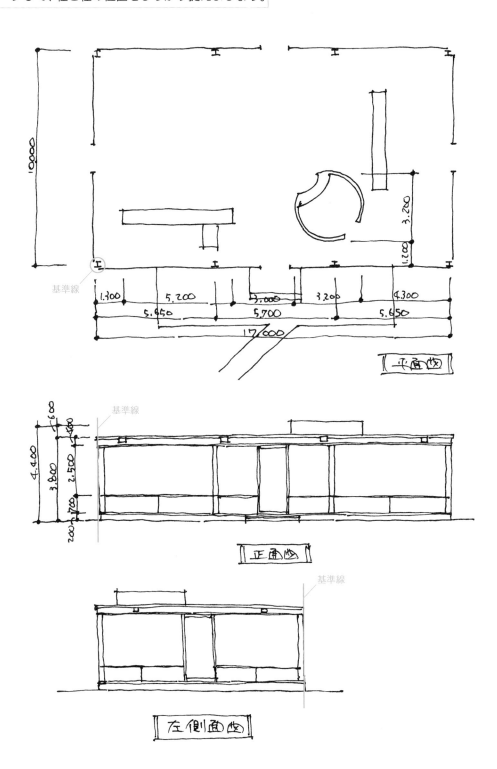

## 正面を描く

### 1 正面の寸法を押さえる

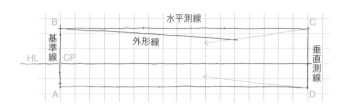

地盤面上に A を決めて基準線を引きます。その線上に HL1,500 と、建物高さ B をとって水平線を引き、間口の寸法 C を描き込みます。垂直測線を引き、建物正面の形がとれたら、B から任意の角度で外形線を引き、C、D からそれぞれ CP に向かって線を引いておきます。

### 2 正面の決定

外形線と、C から CP に向かう線との交点 C'（パースの間口寸法）がとれたら垂線を下ろし、D から CP に向かう線との交点 D'と A を結びます（パースライン）。

### 3 パースラインを求める

各部の高さを基準線上にとり、水平に移動して垂直測線との交点から CP に結び、パースラインを求めます。

### 4 間口寸法を割り付ける

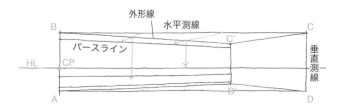

水平測線上に柱位置などの間口寸法をとり、それぞれの点と CP を結んで外形線上の位置を求めます。

奥行を描いて仕上げ

## 5　奥行を求める

HL 上にバランスを見て VP を設定します。
基準線上に A から奥行寸法を上にとり（F）、
この点を水平に伸ばして垂直測線との交点
E を求めたら、CP と結び、間口寸法の垂直
延長線との交点 E' を求めます。
E'、D' からそれぞれ VP に向けて線を引き、
E'–D' を一辺とする正方形を求めます（▶
p.26）。
E'' からパースラインに沿って左側に移動、
F から VP に向かう線との交点 F' を求めま
す。

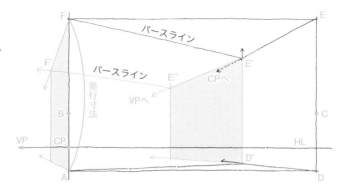

## 6　内部を描く

A と F' を結びます（奥行寸法補助線）。
正面に加えて側面の描き込みを進めます。
奥行寸法を基準線上にとり、VP に向かう
線と奥行寸法補助線との交点から垂線を引
くことによって奥行寸法を求めます。この
描き方で、サッシュ割や内部のコア部分、
家具などを描き込みます。

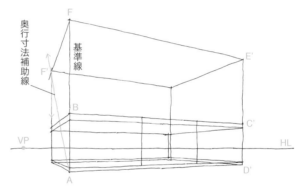

## 7　詳細と点景を描く

建物のディテールや点景の位置、大きさを
確認しながら大まかに配置します。

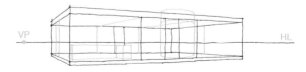

大まかに点景の大きさ、位置を確認し、手前から清書していけば完成です。 ▶ p.72

# アングルによって
# 建物に迫力と変化を与える

\* \* \*

## スカイハウス

設計者　菊竹清訓
竣　工　1958 年
所在地　東京

完成図

### 建物の特徴

この建物は日本を代表するモダニズム建築家・菊竹清訓が東京の自邸として設計した建物です。斜面地に 4 本の壁柱によって宙に浮いたかのような独特な外観を持つ鉄筋コンクリート造。プランはほぼ 10 m 角のシンプルな正方形。1 階部分は柱のみのピロティ形式で 2 階に居室があります。

### 構図について

プランは正方形ですが、やはり一面を強調した方が迫力が出ます。南側からGL を目の高さとして見上げたアングルで描き、4 本の壁柱で支えられた特徴ある外観を表現するのがよいでしょう。

### 描く準備

どちらが正面でもあまり変化がありませんが、右側は途中から段がついているので左側をメインとし、2 階部分の下面を少しのぞかせたアングルにします。

菊竹清訓

> **≫スピードアップポイント≪**
> 大まかなヴォリュームをつかんでから、階高、軒高、
> 壁柱の位置など細部を割り付けていきましょう。

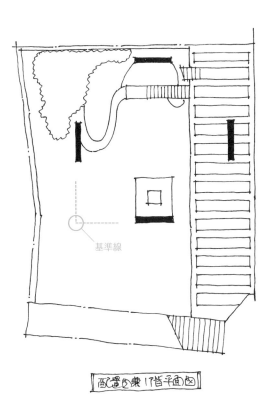

配置&集１階平面図

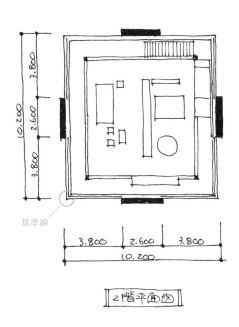

２階平面図

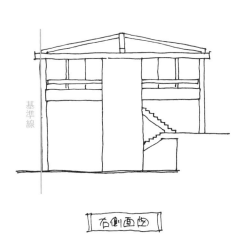

右側面図

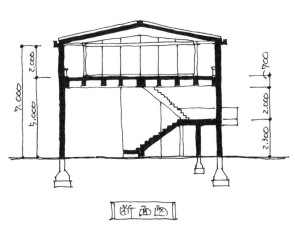

断面図

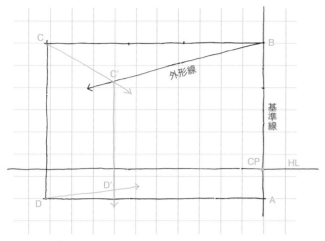

## 正面の壁を描く

## 1 基準線上に高さをとり、正面の壁の角度をつける

正面から見た立面図の外形 ABCD をとり、地面 A から 1,500 の位置を HL と決定。そして外形線の角度を決めます。見上げた雰囲気を出すならば少し急角度の方がよいでしょう。

外形線の角度が決まれば、C から CP に向けて線を引き、外形線上の間口 C' を求めます。

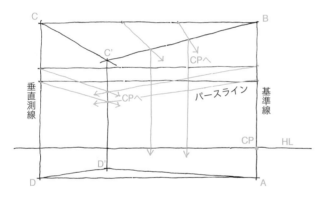

## 2 正面の壁の高さと間口寸法を求める。

高さ関連の寸法を基準線上にとり、水平線を引きます。その線と垂直測線との交点を CP と結びます。同じように、間口寸法を B－C 上に割り付け CP と結ぶと、外形線との交点がパース上の間口寸法になります。

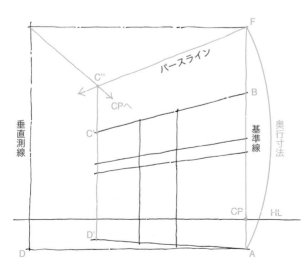

## 奥行・2階を描く

## 3 奥行をとる

A から基準線を上に延長して奥行寸法 F をとります。F から水平に移動して垂直測線との交点と CP を結びます。C' を上に延長してとった交点 C" と F を結べば、パースラインが求められます。

## **4**　奥の壁と側面の壁を描く

HL 上に任意の点 VP を求め、A、F、C"、
D' から VP に向けて線を引きます。C" – D'
を一辺とする正方形を求めます（▶ p.26）。
奥の点をパースラインに沿って右側に移動
させて、さらに F から VP に向かう線との
交点を求めます。

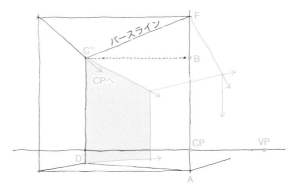

### ■ 奥行の割り付け方

基準線上に奥行寸法をと
り、VP と結ぶことによ
り奥行寸法補助線との交
点から垂線を引くと、奥
行が求められます。

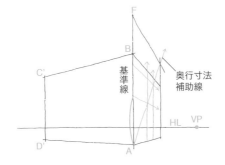

## **5**　2階部分を描く

間口寸法と、**3** で求めた奥行寸法から、VP
へ結ぶことでパースラインを引き、2 階部
分の壁を求めます。
2 階の天井裏にも間口・奥行寸法の点から
VP に向けてパースラインを引き、梁の位
置を確認します。

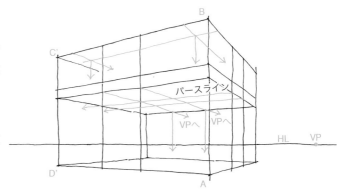

## **6**　詳細を描き込む

屋根スラブ、壁柱、手すりなどディテール
を描き込みます。

背景、樹木などを描き込めば完成です。

▶ p.76

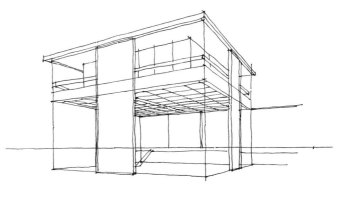

# 建物のビューポイントを
# 見極めてから描く

\* \* \*

## アアルト自邸（外観）

設計者　アルヴァ・アアルト
竣　工　1936年
所在地　フィンランド・ヘルシンキ

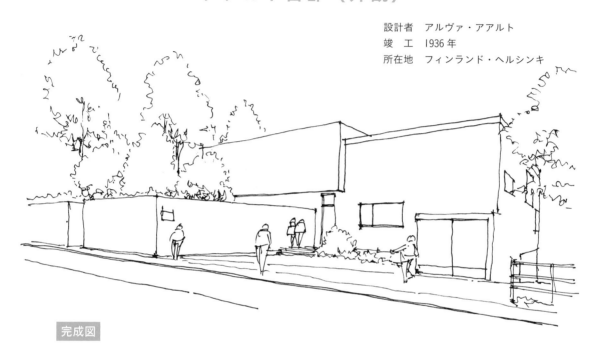

完成図

### 建物の特徴

建物自体は複雑ではありませんが、多少の出っ張りがあり、敷地に勾配がついているので、仕上げの際には注意が必要です。

### 構図について

今回は道路側から見たアングルで描きます。側面は開口部も不揃いなので、正面側をメインにします。奥行が約15m弱、高さ6m弱と平たく奥に広がる建物です。奥行はおおよそで見せることも可能でしょう。

### 描く準備

左側に堀で囲われた庭がありますが、これは後でつけ加えることにして、1階平面の右端に基準線を設定します。またHLは、敷地の低いところから1,500に設定しています。

アルヴァ・アアルト

## ≫スピードアップポイント≪

2階部分が一部飛び出していますが、1階壁面をベースに捉えて、
平面上の凹凸や立面的な高低は後で調整していきましょう。

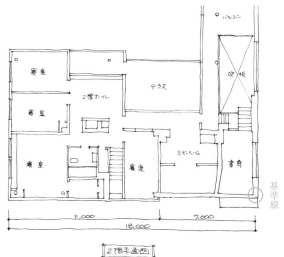

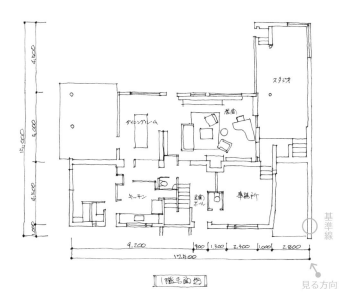

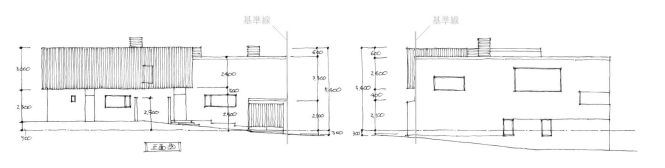

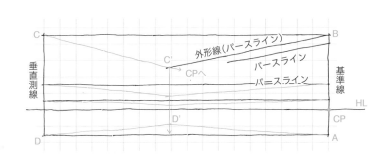

## 主たる建物の形をとる

# 1 パースラインを求める

地盤面 GL 上に A をとり、垂直に基準線を引きます。A から 1,500 のところに HL、そして建物の高さ B をとります。B から任意の角度の外形線を引きます。

基準線上に建物各部の高さをとり、それぞれ水平に移動し、垂直測線との交点から CP と結んでパースラインを求めます。

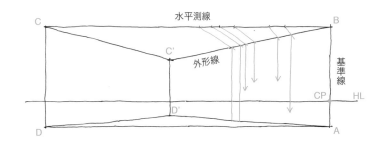

# 2 間口寸法をとる

水平測線上に間口寸法 C をとり、正面寸法の各点から CP に向けて線を引き、外形線との交点から、パース上の間口寸法を求めます。開口部などの位置をそれぞれ求めておきます。

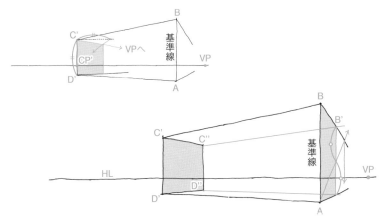

# 3 奥行をとる

※ここから奥行をとる項目なので、わかりやすいように 1、2 の枠線は省略しています。

奥行は 15 m 弱、高さが 6 m 弱、ここで 6 m の正方形を求めてから、2 倍にすると 12 m になります。正確には、それに正方形の半分をつけ足せば 15 m になりますが、2 倍の12 m でいいでしょう。

詳細部分を描く

## 4 建物の凸凹を描く

1、2 で求めた正面壁面の凸凹の位置を VP
から延長し、奥の方の出っ張り部分でプロ
ポーションを見ながら位置を確定します。
確定した点からパースラインを引き、右側
に戻してくると、建物の凸部が描けます。

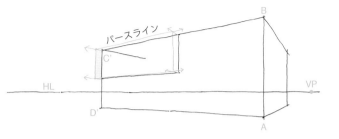

## 5 手前の塀を描く

1 で求めた正面位置から VP を延長し、手前
の塀を描きます。出っ張りの長さは図面に
ありませんが、実際の 7 割くらいの寸法で
手前の位置を決めます。この位置からも パ
ースラインで左道路側に延長していきます。

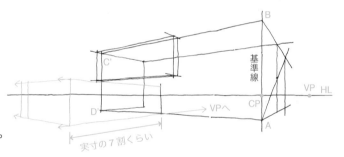

## 6 詳細、点景を描く

開口部やディテールを描き、HL1,500 を基
準に点景を配置します。背景の樹木の大き
さなども描き込んでおきます。

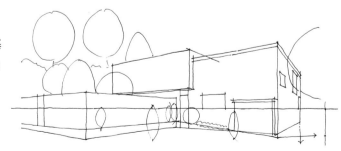

手前の人物、草木などから順に清書して背景も描き込めば完成です。▶ p.80

# 家具の描き方で北欧の
# インテリアをイメージする

\* \* \*

## アアルト自邸（インテリア）

完成図

### 建物の特徴

おだやかでゆったりした時間が流れるナチュラルなインテリア。座った時の目線にあわせた低めのペンダントライトが印象的。大きな窓の外は中庭で、差し込む光がシンプルなインテリアを明るくみせる部屋。

### 構図について

正面には奥の部屋に通じる開口部、左には庭に通じる窓、右側には暖炉とすべての壁面を見せたいので、やはり正面からのアングルで安定感を出します。北欧のインテリアらしくナチュラルな雰囲気に仕上げたいところです。インテリアなので HL は 1,200 でよいでしょう。

### 描く準備

見せどころにあわせて HL 上に消点を決めます。
開口部の位置、暖炉の位置、そして梁の位置の確認が重要です。家具や細かい小物の位置にあまりとらわれないこと。

≫スピードアップポイント≪

ピアノ、ソファ、センターテーブルとランダムに家具が配置されているので、細かいことは気にせず、開口部や梁の位置などを大まかにとってから、バランスよく家具を配置するといいでしょう。

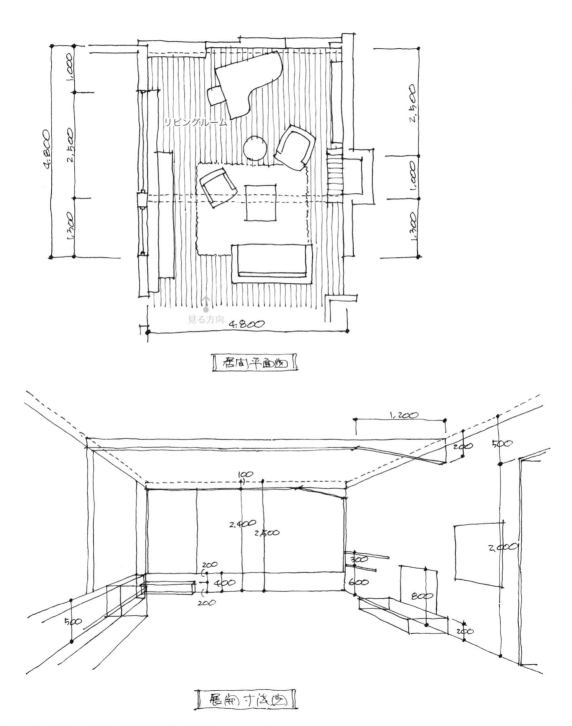

※このインテリアの寸法は、写真を参考に割り出したおおよそのものです。

## 壁、床、天井を描く

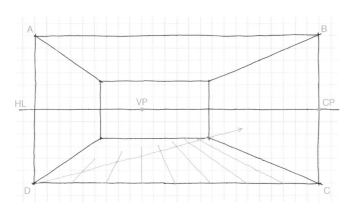

# 1　床面のグリッド分割

見るアングルを決めて、断面寸法をとります（ABCD）。HL を引き VP を設定して、間口を 600 のグリッドに分割、CP を使用して奥行を求めます。

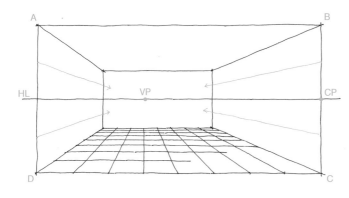

# 2　壁面のグリッド分割

床面に 600 グリッドが引けたら、高さも 600 に分割して床から天井までを 4 分割にします。

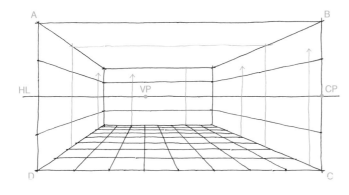

# 3　開口部などの落とし込み

床面のグリッドを利用して、開口部や暖炉の位置を立ち上げます。

## 4 　細部の寸法を落とし込む

梁、高さ、窓際の棚の高さなど、細部の寸
法を確認しながらパース上に起こしていき
ます。

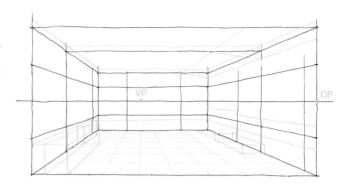

### 家具を描き込む

## 5 　家具を配置する

床面のグリッドを利用して家具を配置し、
その位置を立ち上げます。

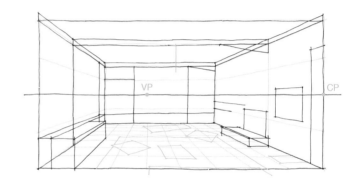

## 6 　家具の高さ、
　　詳細を描き込む

家具の高さを求め、壁面の棚の出っ張りな
どの寸法を確認し、細部の納まりや点景な
どを描き入れます。

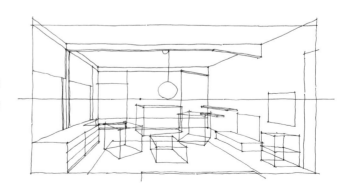

線が重ならないように、小物などに気をつけて手前から順に清書をしていけば完成です。 ▶ p.84

# 写真から比率を割り出して描く

\* \* \*

## サグラダファミリア

設計者　アントニ・ガウディ
竣　工　1882 年〜建設中
所在地　スペイン・バルセロナ

完成図

### 建物の特徴

未完のまま、完成している箇所のみ世界遺産に認定されているサグラダファミリア。全世界に知られるガウディが生涯をかけた代表作。全体は、左右のファサードがそれぞれ 4 つの柱で構成され、壮大なスケール感だが、壁面には緻密で細な彫刻がほどこされている。

### 構図について

これは図面から起こすパースではなく、写真を模写することによって建物を理解する練習法です。

### 描く準備

非常に有機的な形をした建築物なので、まずは大まかなプロポーションを見つけるところから始めます。

アントニ・ガウディ

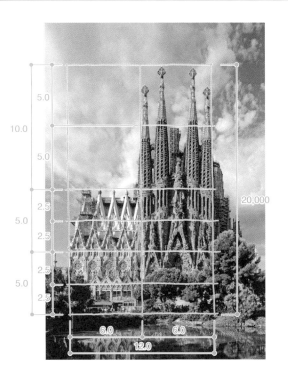

形そのものは非常に複雑なものなので、大まかに
比率で捉えましょう。

## 寸法を比率で落とし込む

### 1　写真を分割

建物の下端と最高部に線を引き、全体間口の左右に
も線を引いて大まかな比率で分割します。

### 2　分割比率を描き出す

大きく分割したところをさらに細かく分割、その時に基本とするのは、全体の半分、その半分など、
わかりやすい比率で分割してください。

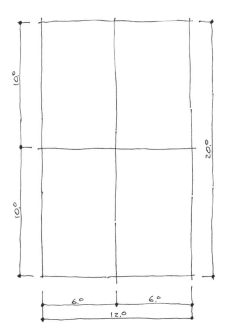

高さ 20 に対して、幅 12 を 2 分割して
高さも半分に分割します。

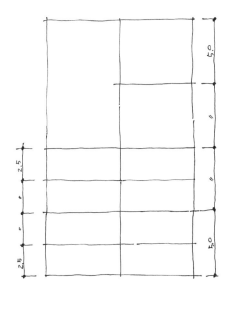

さらに細分割していきます。上を 2 分
割、下は 4 分割にしていきます。

## 3 　大まかに形をとる

分割ができれば、どの部分が分割の線と重なるかを確認しながら、大まかな形をはめ込んでいきます。

## 4 　細部を描き込む

細部を確認しながら、描き込んでいきます。大きな位置関係さえずれていなければ、どんどん描き込んでいきましょう。

この建物はどこまでディテールを描き込むかによって、大きく仕上がりが変わってきます。できるだけ細かいところまで描いて完成しましょう。▶ p.88

# 第3章

## パースを仕上げよう

──陰影と着彩

**外　観**

間違いポイントはココ！

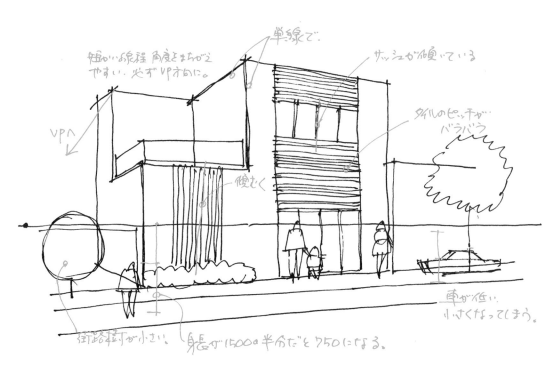

単線で.

短い線程 角度とまちがえ
やすい. 必ずVPずれに。

VPへ

サッシが傾いている

タイルのピッチが
バラバラ

傾むく

街路樹が小さい. 身長が1500の半分だと750になる。

車が低い.
小さくなってしまう。

良い例

線画の仕上げは、
手前にあるものから
描くのが基本です！

## インテリア

間違いポイントはココ！

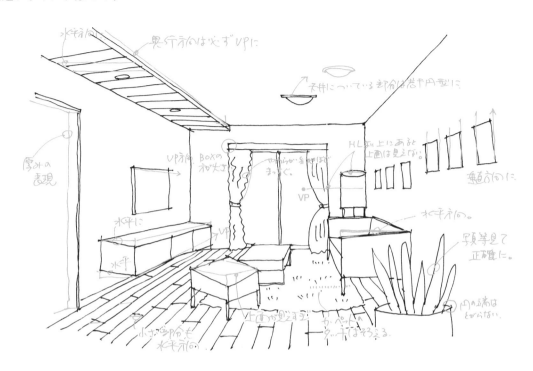

良い例

インテリアも外観と同様、重なって見えるものは
手前から描くことを忘れないでください！

## 着彩に入る前に知っておきたい陰影の話

線画が仕上がったら、着彩に入ります。着彩することで、素材の色を明確にするのはもちろん、質感を感じさせることができ、その建物、インテリアの現実性を高めることができます。そこで大切になってくるのが、光の当たり具合を表現する陰影です。太陽の下にある建物は、光を受ければ影ができます。さらに、物体自体にも陰ができます。

陰と影は、同じカゲでも役割が異なります。

これをうまく使えば作品は大きくグレードアップします。

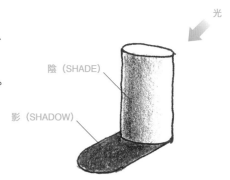

光

陰（SHADE）

影（SHADOW）

## 陰の役割　　立体感、遠近感、材質感

物体そのものに当たった光によって、暗いところと明るいところができます。

1つの物体で明るさのグラデーションができるのです。これを踏まえて着彩することで、立体感、遠近感、材質感が表現できます。

**立体感**

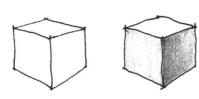

グラデーションを入れるとより立体的に。

**遠近感**

遠くになるほど明るく、手前は暗く、遠近感が表現できる。

**材質感**

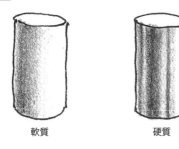

軟質　　　　　　硬質

淡いグラデーションなら柔らかい質感に、
コントラストを強くすれば堅い質感に。

> 陰はそのもの自体に生じる
> 明暗のコントラストを
> はっきり認識することが
> ポイントです。

■**影の角度について**

光の角度によって影の長さは変わります。

同じパース上での影は、一定の長さで統一しましょう。

光の角度は、朝昼夕と時間帯によって変化します。その角度によって影の伸びる位置も変わります。

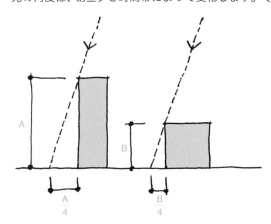

光が当たる建物の高さに比例して影の長さも変わります。

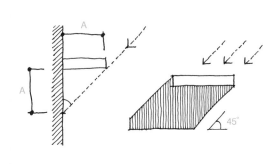

通常外観パースは45度で光が当たると凸部分と同じ長さの影が生じます。

## 影の役割　物体の位置、光の強弱、形状の把握

物体に当たった光によって、その物体の影が落ちます。

影は、物体の位置を明確にするとともに、その影の濃さによって光の強さもはっきりします。

例えば、濃い影の場合は、晴天で明るい日中であることが表現できます。

影が長くなったり、短くなったりすることで、光源の高さ（光の角度）も同時に表現できます。

**物体の位置**

影の位置によって物体の位置が表現できる。

**光の強弱**

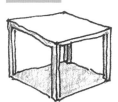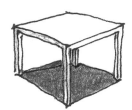

影の濃さにより光の強弱が表現できる。

**形状の把握**

線だけではわかりにくい形が、より正確に伝えられる。

> **Point**
> なんとなく影の部分をぼやっと薄く塗りつぶしてしまいがちですが、明確な形を表現すると、コントラストがはっきりした、冴えたパースに仕上がります。

フリーハンドの線画を仕上げる時のポイントを紹介します。
ここに気をつけるだけで仕上がりはグンとよくなります。

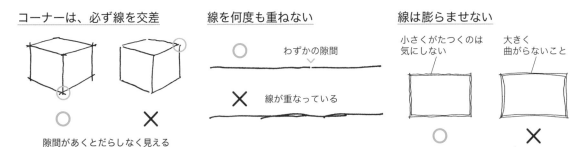

本書で使っているペンは
"Pentel トラディオ・プラマン"

水溶性なので
水性着色をする場合は
コピーをとってから。

## こんなところに注意して描こう！

### コーナーは、必ず線を交差

〇

✕

隙間があくとだらしなく見える

### 線を何度も重ねない

〇　わずかの隙間

✕　線が重なっている

### 線は膨らませない

小さくがたつくのは
気にしない

大きく
曲がらないこと

〇

✕

### VP から伸ばした線からずれない

✕

### パース全体が膨らんで見えない

VP

✕

### HL に近づくほど上部は狭く

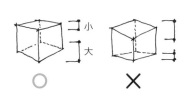

小

大

〇

✕

## 円形の描き方

### 上部、下部の円形部を描く時、角がとがらないように注意！

〇

✕

〇

✕

HL より上方部にある円形（見上げる時）の描き方にも注意。

## カーテンの描き方

### カーテンボックスに厚みを

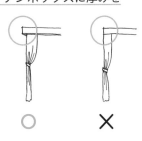

〇

✕

### しわはタッセル付近に

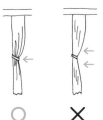

〇

✕

### 片方を垂直に

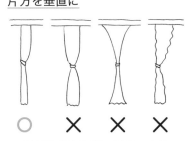

〇

✕

✕

✕

不自然に膨らんだり、細くなったり、
布地だからとガタガタにしない

# 透明水彩

本書で使っている絵の具は
"ホルベイン・透明水彩"

**色の名前** 本書で使用する色の名前は、下記のように略して使います。

| PY | YO | PG | VI | SG | COB | CB | IN | CL | VE | BS | BU | SP | B |
|----|----|----|----|----|----|----|----|----|----|----|----|----|----|
| パーマネントイエロー | イエローオーカー | パーマネントグリーン | ビリジアン | サップグリーン | コンポーズブルー | コバルトブルー | インディゴ | クリムゾンレイキ | バーミリオン | バーントシェンナ | バーントアンバー | セピア | ブラック |

この色は、12色セットには入っていません。単品で購入してください。

**道具**

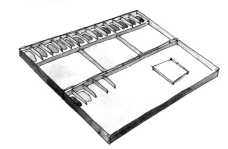

● パレット
絵の具をパレットに入れて
固めておきます。使う時に
湿らせた筆で絵の具を溶か
しながら着彩します。

● 平筆・彩色筆

● 梅皿
絵の具を混ぜて着彩する
色を作ります。

● 筆洗
筆を湿らせたり、
洗ったりするのに
使います。

▎**ここに注意！　筆の使い方**

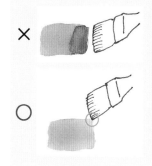

画面に水がたまらな
いようにするには、
画面から筆を一気に
離さないで、筆の片
方を持ち上げて、ど
ちらかの端で水分を
とるようにして筆を
離します。

# マーカー

本書で使っているマーカーは
"コピックスケッチ"

### 色の名前

マーカーは、色の名前が番号になっています。

見本を見ながら番号で覚えてください。

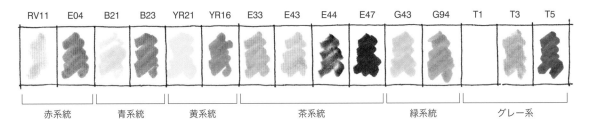

| RV11 | E04 | B21 | B23 | YR21 | YR16 | E33 | E43 | E44 | E47 | G43 | G94 | T1 | T3 | T5 |

赤系統　　青系統　　黄系統　　茶系統　　緑系統　　グレー系

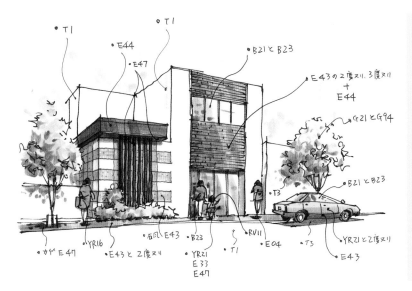

- T1
- T1
- E44
- E47
- B21とB23
- E43の2度ヌリ、3度ヌリ ＋ E44
- G21とG94
- B21とB23
- T3
- カゲ E47
- YR16
- 石風 E43
- B23
- RV11
- E04
- T3
- YR21と2度ヌリ
- E43と2度ヌリ
- YR21 E33 E47
- T1
- E43

### ■濃淡の表現

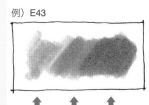

例）E43

1度塗り　2度塗り　3度塗り

マーカーでは混ぜて色を作ることを、あまりしませんが、1色の濃淡である程度表現できます。

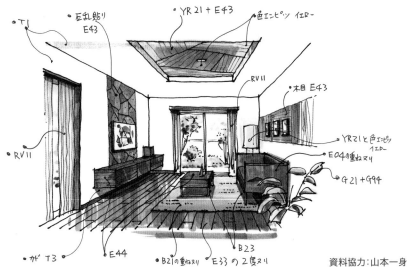

- T1
- 石乱貼り E43
- YR21＋E43
- 色エンピツ イエロー
- RV11
- 柾目 E43
- RV11
- YR21と色エンピツ イエロー
- E04の重ねヌリ
- G21＋G94
- カゲ T3
- E44
- B21の重ねヌリ
- E33の2度ヌリ
- B23

資料協力：山本一身

# 色鉛筆

紙面上で重ね塗りすることで色を作っていきます。
本書では、7色で着彩しています。

本書で使っている色鉛筆は
"ファーバーカステル・ポリクロモス"

## 色の名前

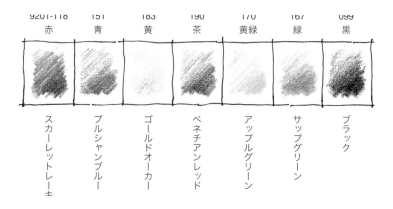

| 9201-118 | 151 | 183 | 190 | 170 | 167 | 099 |
|---|---|---|---|---|---|---|
| 赤 | 青 | 黄 | 茶 | 黄緑 | 緑 | 黒 |
| スカーレットレーキ | プルシャンブルー | ゴールドオーカー | ベネチアンレッド | アップルグリーン | サップグリーン | ブラック |

## ベースはムラなく！

特に色を塗り重ねる場合は注意してください。
鉛筆のタッチは水平垂直、左右、斜めの4つ角度に限定して、均一になるように心がけてください。

  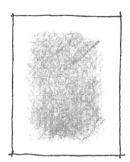 

## こんな塗り方はダメ

   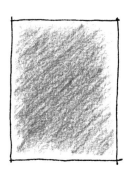

| 強弱や隙間 | 周りを囲む | 重ねムラ | 周りに隙間 |

シンプルな外観が映えるよう、背景の緑や空に抑揚をつけましょう。

**1** マーカーの場合はどこから塗っても構いませんが、基本的には地面、空が一般的です。芝生を G43 で
パースラインに平行に、空を B21 でランダムなタッチで塗っています。

**2** 3 階部分の壁の正面に T1 でグラデーションをつけてから、側面と天井面を T3 で塗ります。1 階の玄
関は E43、側面壁は G94。

**3** 玄関中央部分は YR21、周りの緑を G43 で入れますが、YR21 や B21 などを重ねると緑に深みが出ます。

**4** 窓などの内部を塗りますが、1 階部分は E44、E47 を重ねて内部らしく、2 階部分は E21、G43、T5 などを重ねて奥行感を出します。

背景の緑に G94 でグラデーションをつけて、ハイライトや影など追加。
寂しいようなら B23 で空に動きを出します。 ▶ p.4

周辺の緑は微妙に色が違います。板張り壁の風合いも表現したいものです。

**1** 空 COB と地面を塗っていきます。地面は苔むした土色なので、黄土色と緑（YO ＋ SG ＋ SP）を混ぜています。

**2** 2階部分の板張り外壁の色を全体に塗ります（くすんだ茶色 YO ＋ SP ＋ BU）。

**3** 板張りの壁に重ね塗りでグラデーショを入れ、木部の濃淡をつけ、1階の外壁（IN ＋ SP）や軒裏（YO ＋ BU ＋ SP）、扉（YO ＋ BU）を着色。

**4** 周りの緑を塗っていきますが、紅葉を迎える時期ということで、緑を着色し（PG ＋ PY）、乾かないうちに朱色 VE、青色 COB など混色すると深みが出ます。窓にも映り込み SG の着色をしておきます。

建物の影 IN ＋ SP や、緑のグラデーション SG、乾いてから BU ＋ VI を入れて細部をチェックして完成です。▶ p.2

一般的にはインテリアの着色は手前を濃いめにして、奥を明るくするほうが奥行感も出るのですが、今回は正面の開口部からの光を重視するので奥の面を濃く塗っています。

**1** 床、壁、天井すべて木なので、全体を着色します（YO ＋ BU ＋ SP）。

**2** 床、壁、天井面にグラデーション（前段同色 YO ＋ BU ＋ SP）をつけて立体感を表現し、それができたら煙突（BU ＋ SP）、家具（ダイニングチェア YO ＋ BU）にも着色。

**3** 天井のグラデーションを追加したり、ラグ（VE + CL）、ペンダント（PY + VE）、ソファー（COB + YO）、休憩椅子（YO + SP）の色を入れます。

**4** 窓の外の緑を着色（PY + PG、SG、VI + BU）、色の調子を見て壁の色にグラデーションを重ね、奥行感を深めます。

細部の塗り忘れなどチェックして完成です。 ▶ p.2

外壁の板張り、内部の灯りで木造住宅の暖かみを表現してみましょう。

**1** 空 COB と地面の芝生（YO ＋ SG）を着色します。

**2** 外壁の色を開口部を除き全体に塗ります（BU ＋ SP）。

**3** 外壁にグラデーションと、木の濃淡をつけてテラス、天井面（IN + SP）にも着色。周りの緑は単色だと単調になるので、遠近感を意識しながら黄系（PY + PG）、緑系 SG、青系 COB と着色します。

**4** 緑にグラデーション SG を加え、窓の内部はベースの黄土色 YO が乾いてからこげ茶（BU + SP）を重ねて建物内部の暖かい雰囲気を演出します。

室内のハイライトを入れたら、手前の樹木の影を入れて完成。▶ p.5

背景とのバランスのとり方を考えて、建物の存在感を表現しましょう。

**1** 空 B21 をランダムなタッチで、芝生 G43 は水平方向に塗ります。

**2** 内部の壁 E44 や、天井、床 T3 を塗ります。

**3** 周りの緑は、ベースに緑系 G43、それに黄系 YR21、青系 B21 を加えて着色、背景の緑に変化を持たせて奥行感を出します。

**4** 緑にグラデーション G94 を重ねて立体感を出し、建物の影 G94 を地面の真下に入れます。

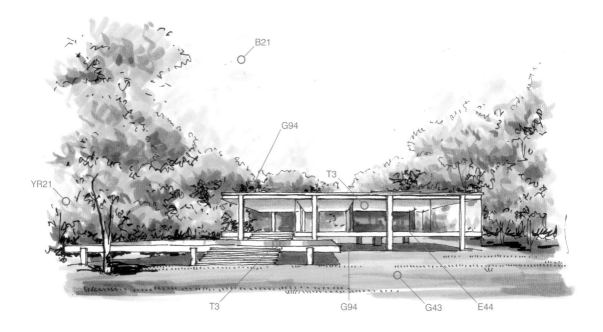

全体の調子を見て、影や空の色 B23 を加えて完成です。 ▶ p.6

ガラス越しに見える緑で透明感を演出します。

**1** まず空 COB と地面（芝生 YO + SG）を着色。

**2** 建物の鉄骨（SP + IN）、犬走り、コア部分（YO + BU）を着色。

**3** 天井（SP + IN）を塗り、鉄骨とコア部分にベースと同色を塗り重ね、グラデーションをつけて立体感を出します。

**4** 周りの緑（PY + PG）を着色、この建物の場合は緑がとても重要なので、特に黄系 PY、緑系 SG、青系 COB を加え変化をつけます。

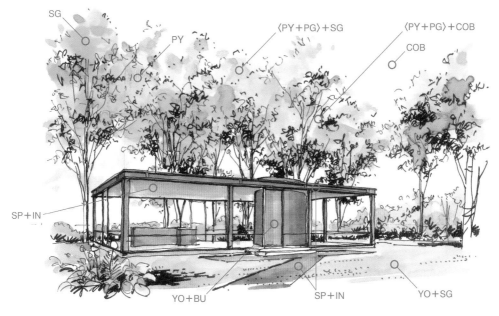

SG
PY
〈PY＋PG〉＋SG
〈PY＋PG〉＋COB
COB
SP＋IN
YO＋BU
SP＋IN
YO＋SG

建物内部の影（BU + SP）、緑のグラデーション（SG + 〈VI + BU〉）、を入れて完成。▶ p.7

建物がモノトーンなので、窓の内部や周りの緑で暖かみを出しましょう。

**1** 建物の周り、空 B21 から塗って、バランスをみながら地面 G43 も塗ります。

**2** 壁 T3 や、天井部分の着色します。天井は重ね塗りで、手前を濃く、遠くは薄く飛ばすように。

**3** 周りの緑（G43、YR21 ＋ B21）や、内部 YR21 を着色します。住宅の場合は、内部を黄系で描くと暖かい感じが出ます。

**4** 内部に色を重ねて（E44、E47、YR21）奥行感を表現します。

建物の陰影 T5 を入れ、内部にハイライト（シグノホワイト）、手前に樹木の影（G94 や黒のサインペン）など入れて完成。 ▶ p.8

建物は板張り部分がポイント！　周りの緑も入念に描きましょう。

色鉛筆は手のタッチが残るので、垂直、水平、斜めの1方向で統一するときれいに見えます。

**1**　まず空（青）と地面（茶と黒）を塗ります。

**2**　外壁、2階の木部壁（黄、茶、黒）を塗りグラデーションを加えて立体感を。

また外壁のタイル（黒）、板張り戸（黄と茶）などの質感を表現しましょう。

**3** 周りの樹木（黄緑と緑、黄）を、遠近感も考えながら重ね塗りしていきます。

**4** 緑のグラデーション、人物など点景（青、黄、赤）を着色、窓内部（黄と茶と黒）の描き込みをします。

黄＋茶　　黄緑＋緑　　茶＋黒　　黄＋茶＋黒　　黄＋緑

黄緑＋緑

黒

黒

黒　　　茶　　黄＋茶

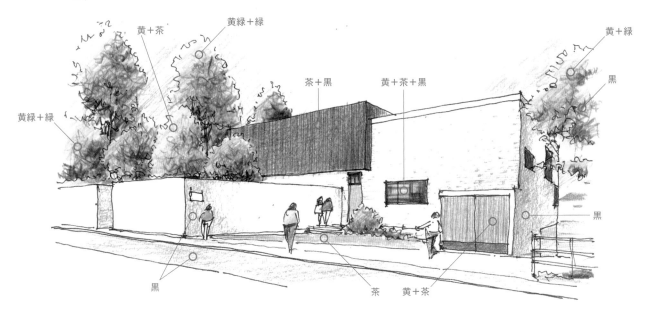

建物の影、点景の影を入れて、全体の調子を見て空など描き加えれば完成。▶ p.3

第3章　パースを仕上げよう

暖かいナチュラルな雰囲気が出るように心掛けて着色しましょう。

**1** 窓の外の空（青）や、床（黄と茶と黒）から塗ります。

**2** 天井（黒）、壁（黒）、板壁（黄、茶、黒目地）カーテン（黄）など着色しながらグラデーションも塗り重ねておきます。

**3** 家具（青、黒）や、小物、額縁（黒）、窓の外（緑）など描き込みます。

**4** 各所の影の描き込み、細部の着色をしていきます。

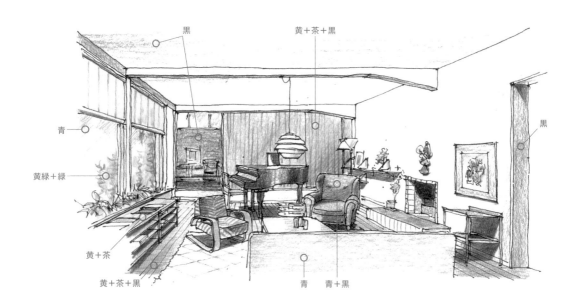

部分的にハイライトを入れたり、調子を整えて完成。 ▶ p.3

第3章　パースを仕上げよう

単純な色に見えますが、微妙に違うところが表現できたら OK です。

**1** 空 B21 と、手前の池 G94、E43、E44 を塗ります。

**2** 建物のベージュ色の壁 E43 を着色。同じ色でグラデーションを重ねます。

**3** 周りの緑 G43、YR21 を着色。建物の色も塗っておきます。

**4** 緑のグラデーション G94 を入れて、建物のベージュ色が濃いところは G44 で引き締めます。

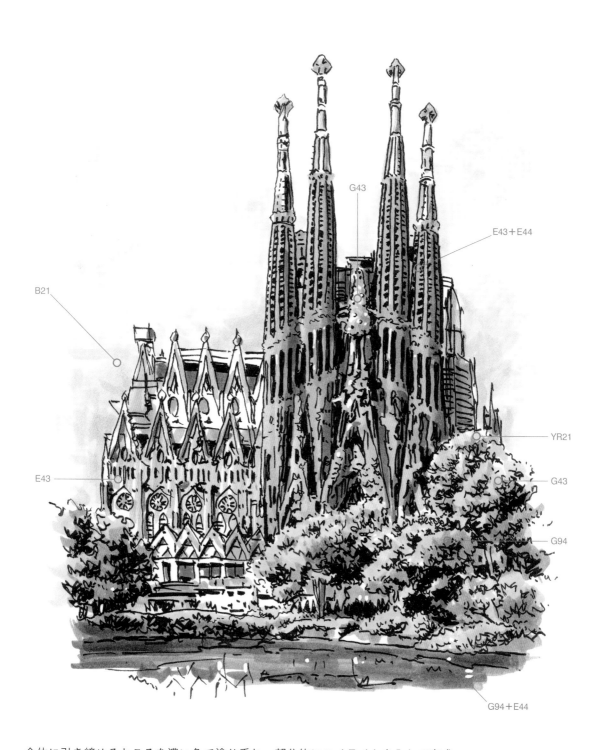

全体に引き締めるところを濃い色で塗り重ね、部分的にハイライトを入れて完成。

## ■ 落水荘（設計 フランク・ロイド・ライト）

色や着色表現によって、若干雰囲気が変わって仕上ります。

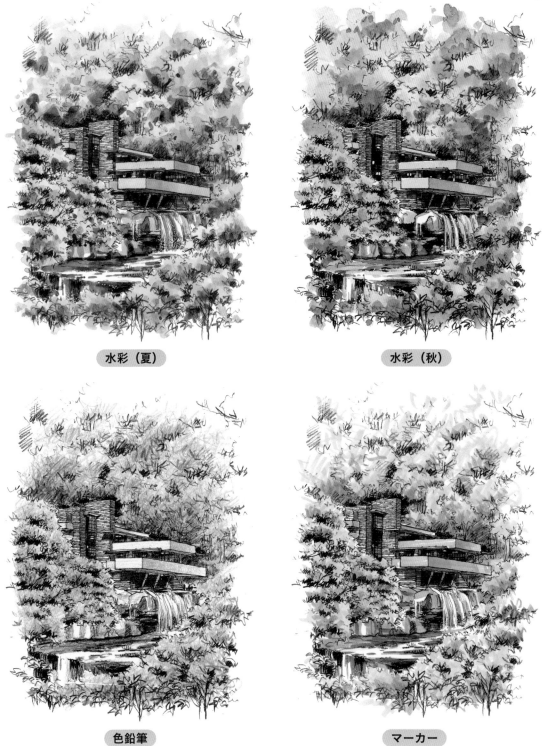

水彩（夏）

水彩（秋）

色鉛筆

マーカー

本書に掲載した建物の完成図（白図）をまとめました。

この白図を、水彩紙やマーカー専用紙または普通紙に、描きたい大きさにコピーして、自分なりにいろんな情景や道具で着彩してみてください。

落水荘

軽井沢の山荘（外観）

軽井沢の山荘（インテリア）

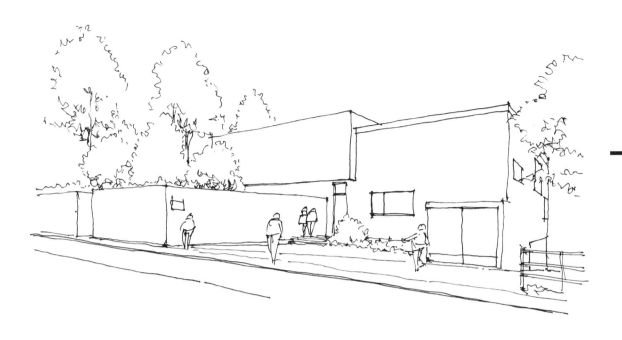

アアルト自邸（外観）

アアルト自邸（インテリア）

サヴォア邸

前川國男邸

ファンズワース邸

グラスハウス

スカイハウス

サグラダファミリア

## 著者略歴

**【著者】**

宮後 浩（みやご ひろし）

芸術学博士

（一社）日本パーステック協会　理事長

㈱コラムデザインセンター　代表取締役

㈱コラムデザインスクール　学長

瑞宝単光章叙勲受章

1946 年大阪府生まれ。多摩美術大学デザイン学科卒業後、4 年間建築事務所で建築実務の勉学後、26 歳の時、建築インテリアデザインとパースを専門にコラムデザインセンター設立。

2008 年、日本初のパースにおける「芸術学博士」学位取得。

2011 年、長年のパース指導及び検定功労において「叙勲受賞」。

パース制作および教育指導の経歴は 50 年に渡り、わかりやすい指導には定評がある。

著書、監修は「パーステック」「なぞっておぼえる遠近法　スケッチパース」他多数、本書は30 冊目となる。

**【編集】**

重村千恵（しげむら ちえ）

就実短期大学卒業。コラムデザインセンターにて教育・出版業務を経験。現在は、フリーの構成作家、ライターを務める。

**【資料協力】**

㈱イオグランツ

2001 年設立。CAD ソフトの販売、運営支援、人材派遣をはじめ、技術開発、CG パース制作など最新技術の追求を行う。原点は手描きパースによるスキルの重要性を唱え、スクール事業、建築インテリアのプレゼンテーションに関する業務を幅広く行う。ハウスメーカー、ビルダーなど多くのユーザーの生の声を、開発や CG パース作成に反映させ、ユーザーの目線に合ったビジネススタイルで高い評価を得る CAD、CG のエキスパート。

**読者特典（実演パース動画）のご案内**

下記 URL あるいは QR コードからご覧いただけます。

https://book.gakugei-pub.co.jp/gakugei-book/9784761527914/

閲覧いただくには、下記のパスワードを入力してください。

パスワード：miyago27914

## クイックパース
### 名建築で学ぶ速描きテクニック

2021 年 9 月 10 日　第 1 版第 1 刷発行
2023 年 9 月 10 日　第 1 版第 3 刷発行

著　　　者………宮後 浩
発　行　者………井口夏実
発　行　所………株式会社学芸出版社
　　　　　　　　京都市下京区木津屋橋通西洞院東入
　　　　　　　　電話 075－343－0811　〒600－8216
　　　　　　　　http://www.gakugei-pub.jp/
　　　　　　　　info@gakugei-pub.jp
編 集 担 当………中木保代、真下享子
営 業 担 当………中川亮平

装　　　丁………赤井佑輔・西野ゆかり（paragram）
印刷・製本………シナノパブリッシングプレス

Ⓒ Hiroshi Miyago　2021　　　　　　　　　　Printed in Japan
ISBN 978－4－7615－2791－4

好評発売中

---